大夏书系·教育艺术

DU DONG
XIAOXUESHENG

伊林娜 郭丽萍 于振华◎著

读懂小学生
给小学教师的建议

华东师范大学出版社
ECNUP
全国百佳图书出版单位

序

曾经，有很多人认为小学教师最好当，原因是，小学阶段的知识浅显易懂，稍微准备一下就可以讲课了，其他的嘛，就是带着孩子们玩儿。所以小学教师还有个别名——孩子王。那个时候，公社会计、工厂工人等随家属调动工作，没有对口单位，就被安排进小学去当老师。

不过随着应试教育的推进，小升初的竞争越来越激烈，小学教师也越来越不好当，因为把学生的分数搞上去，是个"技术活"。然而后来人们又发现，小学阶段成绩好的学生，到了中学成绩不一定好，看来成绩好和会学习之间还有很大差距，这又给小学教学带来了挑战。随着社会的发展，许多新的情况出现了，学生除了学习成绩的问题，还有青春期的问题，意志情感的问题，社会交往的问题，道德和价值观的问题等等，这些都与小学阶段的教育环环相扣。

在农村访问的时候，一位老农民告诉我，麦子错过了播种期，尽管也会长大结种，但种子的壳里却是空的。冬季种下的油菜籽，看似没有长高，泥土以下却深深地扎根，待来年春天就会开出绚烂的油菜花。我觉得这恰巧说的就是小学阶段教育的作用和意义。它处于人生的开端，远离成功和收获，貌似平常，却暗藏玄机。

小学的六年时间里，学生从一个刚出幼儿园的娃娃，一点点长大，骨骼、肌肉、大脑、神经系统都在暗暗地发展变化着。这六年，一个人从具体、直观、形象、感性的思维方式，渐渐转向抽象的、有逻辑的思维方式。从只能够感受和体会自己的需要，到可以站在对方，以及不同他人的角度看待一件事情；从简单直接的情感体会和表达，到拥有细腻丰富的内心世界；从只知道自己是男孩还是女孩，到生殖和内分泌系统的成熟和变化，从而拉开青春期的序幕。学生们似乎始终只知道玩乐，但是仔细观察，你会发现，他们玩乐的内容在发生变化，他们在观察和试探这个世界，在与周围碰撞的过程中发现自我，塑造自我。而我们教师，就是为他们创建这个世界的人，我们在他们成长成熟的关键时期陪伴他们，因此我们要细心地了解他们，严密地关注他们的发展变化；我们还要不停地审视自己是不是一个合格的引领者和启发者。

其实，最不好当的，就是小学教师！

因此，本书从教师怎样做好学生的幼小衔接，怎样做好教学工作，怎样建立习惯，怎样引导阅读，怎样进行班级文化建设，怎样做好家校合作，怎样安排自己更具意义的人生等方面，为小学教师提供启发和建议，就社会普遍关注的幼小衔接、习惯养成、心理健康、读书、家校合作、性教育、美育等话题进行了深度的分析和阐述。希望本书能够帮助我们敬爱的小学教师读懂小学生，使教师这一特殊的职业更具意义。

伊林娜

第一章

变化最大的小学六年

小学阶段是一个人从6岁到12岁的成长时期，虽然不是很长，但却是一个人发展变化非常快、非常显著的一段时期。你只要对比一下一个一年级的小毛头和一个六年级的翩翩少年，就可以看得出来。

这个时期，孩子的大脑和思维方式发生着巨大变化：最初还要靠掰手指头算算术，到后来可以进行抽象的运算；最初只会从自己的角度看问题，到后来可以站在对方的角度分析问题。他们的情感越来越丰富，最初男孩女孩可以亲热地抱抱，然后渐渐疏远，开始找同性朋友建立友谊，再到对异性发生兴趣，逐渐认识和学习如何去做男孩或女孩。

所以，小学教师其实最难当，因为教学要适应孩子们思维发展变化的特点，适应孩子们的情感需要，满足和支持他们各方面的发展。小学阶段的家庭教育也最需要灵活性和目标性，并伴随着父母的不断成长。因此小学教师需要根据学生所处的不同年级，安排不同的教育教学内容和方式。

◇ 如何应对幼小衔接的问题？

一个孩子是否做好了成为小学生的准备，并非取决于是否提前学了一年级的算术和英语单词，那些东西他早晚都能学会。孩子是否通过幼儿时期充分的游戏玩耍，使自己的视知觉、听知觉、运动平衡的能力、语言能力、数学能力、逻辑能力、社交能力、情绪情感、意志品质等方面达到可以应对小学阶段将要面临的种种困难和挑战的水平，才是判断孩子是否做好准备的标准。

这样说来，从幼儿园向小学过渡的这一时期，孩子身上会既具有幼儿的特点，又具有大孩子的特点。他们也会明显地不再满足于幼儿时期的游戏和学习方式，想要挑战更加新鲜、有趣的集体生活和学习内容。一个人的能力往往是在困难和挑战当中练就的，它包含着人对自我的认识，给自己提出怎样的要求和目标，怎样实现目标，在践行过程中怎样调整目标和方案，以及进行自我评价和新的自我认识。这个过程循环往复，也是一个人不断进行自我调节，发现自我、塑造自我从而逐渐成熟的必经之路。因此在幼小衔接这一时期，怎样理解和帮助孩子，如何发现和利用好孩子的自我调节机制，从哪些方面支持孩子的发展，如何培养孩子的自我教育能力，是我们这一章要讨论的话题。

1. 低年级学生的大脑和神经系统发展状况

我国《义务教育法》第十一条规定：凡年满六周岁的儿童，其父母或者其他法定监护人应当送其入学接受并完成义务教育。目前各地学校普遍执行的标准是截至当年8月31日，年满6周岁的儿童可以上学。个别生源较多的地区，可以控制在7周岁上学。已经有人大代表及众多家长建议，将条件放宽到当年12月31日，年满6周岁的儿童可以上学。

为什么年满6周岁可以上小学？这个年龄并不是随便定的。从人的发展规律来看，6岁前，孩子的大脑和神经系统、身体的骨骼和肌肉、情绪情感和意志力的成熟程度更多是处于一种准备阶段，在这之后，孩子才能应对学校集体的学习任务。

所以你会发现，让三四岁的孩子长时间坐定听你说事情，他就会很难受，即使是非常有趣的故事也很难让他坐很久。但如果是搭积木、拼插，或者几个孩子玩角色扮演过家家，他们就可以玩很长时间。有很多人误认为是孩子注意力不集中、习惯不好，经常以矫正的名义硬要限制孩子的行动，这常常会适得其反。孩子表面上也许被迫安静下来了，但是内心反而形成了"心不在焉"的习惯，他们心想：反正大人让我这样我就这样，我不知道也不思考这是为什么，我不是自己的主人，不想对自己负责任。孩子的主体性没有发挥出来，意志力得不到锻炼，做事也就不会深入，空有一个把技能，却缺少思想，这对于孩子的成长来说是很大的缺失。

我们要了解，这么小的孩子是通过眼睛、耳朵、嘴巴、鼻子、手脚等肢体的各部分全然地进行体验、学习和思考，他们探索着周围的世界和人，其实也在探索着自己的能力和界限。你会发现，孩子好像一直在不停地动，不停地玩，但是不知不觉地学会了很多东西，包括可以识别不少的标识和文字，了解了一些事情的逻辑规律，也学会了怎样和小朋友相处，能够在一定程度上控制自己的情绪，处理一些小冲突。

因此，幼儿园的教学和小学就有很大的不同，可以给孩子们更多的时间进行游戏和各种各样让身体动起来的活动。在这些活动当中，孩子们的视知觉、听知觉、运动平衡的能力、语言能力、数学能力、逻辑能力、社交能力、意志品质等方面都得到了锻炼和提升。家长们都担心孩子不够聪明，其实，以上提到的种种能力，都是与孩子大脑是否成熟和发达相关联的，如果你不让孩子动，只是坐定了，提前去学小学生，才会使孩子真的变笨。这也就是我们所说的"幼儿教育小学化"的危害。

教材的内容和教学的难度都应是学生们能够接受和消化的，但是在教学工作中，我们发现一年级的新生身上经常发生这样的现象：数字3、5、7颠倒写（像镜子中一样影像颠倒），写字左右颠倒（16写成61），竖式对齐总出错……于是学生的数学作业总是不能得满分，数学题总是做错。这是数学能力的问题吗？

b、d，n、u搞混，形近字分不清，例如"夫"和"天"，"手"和"毛"，从而影响了阅读速度，语文作业也得不了满分。于是我们经常会怪学生观察事物不仔细，马虎粗心，总是记错，对他们不耐烦，而他们自己也经常会觉得不耐烦。

我们需要知道，这是孩子的视知觉发育还不完善的表现，并非他们主观上不努力。如果我们想要帮助学生提高视知觉的敏锐程度，除了鼓励他们认真完成作业以外，还可以提供诸多训练方式，例如他们喜闻乐见的游戏活动：走迷宫、找不同、手影、拼图、欣赏图画、看图编故事、猜谜语、看地图找路线等等。这类活动都是为了实现某个有趣的目标，学生们不由得就去仔细观察细节，搜集视觉信息，并且在完成任务的时候不断调取这些视觉信息，由此强化了他们的视知觉。通常学生在二三年级的时候，这类因视知觉发育不完善而带来的错误就不再出现了，因为他们的大脑和神经系统已经完善。

同样的道理，学生的听知觉发育不完善，也会带来一些常见的麻烦。例如有些学生将别人说的话当作"耳旁风"；有的学生与人说话时缺少目光交流，不敢与人正视；有的学生不等别人把话说完就打断别人，听人讲解时显得不耐烦。更让老师头疼的是学生上课走神、做小动作，因而在听课时漏掉很多信息。有的学生讲话语无伦次，对顺序和事情因果关系的表达比较混乱，造句短小，作文表述更是简单枯燥，语言结构缺乏逻辑等等。我们也常常会因此而误解学生，认为他们回答问题和做作业不认真，不会听讲，多动，不遵守纪律。而指责又会带来许多不愉快，造成学生更加不喜欢与老师和家长沟通。

帮助学生提高听知觉的敏锐程度，也有许多有趣的游戏可以选择，例如一起闭眼听声音、模仿节奏、跳舞、找藏起来的闹钟、欣赏音乐、听故事再复述、说绕口令等等。这些活动帮助学生将注意力集中在听觉信息上，并且用轻松愉快的方式使他们持续关注，让听知觉得到强化。这类练习可以设计到课堂教学环节，随着教学的深入、年级的升高，学生的能力会不断得到锻炼和提高。

许多老师还会发现，有一些学生的运动协调能力较差，例如有的学生跑步姿势不协调，平衡能力差，容易摔跤，不会跳绳。而且，目前比较普遍的一个现象是，孩子的生活技能比较差，不会穿衣服、系扣子、拉拉锁、系鞋带、用筷子等等。其实，写字不好看，作业不整齐，也是运动协调能力差造成的。

虽然学生在这些方面的差距不会太影响学习成绩，但是这一类学生却容易紧张、情绪不安。因为动作上的不协调会给他们带来自卑和挫败感。这种情绪在一些学生身上表现为容易伤心哭泣，在另一些学生身上表现为易怒，爱发火，有时候搞不好同学关系。而在后来的跟踪调查中，我们发现，运动协调能力差的学生容易出现学习后劲不足，或者高分低能的情况。

其实，针对这种普遍现象，让学生们多多进行体育锻炼是最好的办法。将体育锻炼设计成好玩的游戏形式，例如追跑、投掷、跳跃、拍球、翻滚、攀爬、平衡等等，会更加吸引他们。另外，"你拍一我拍一"、做手工、缝纫、编织等小游戏也很有效，可以在室内进行。大运动和精细运动相结合，长期的锻炼会为学生将来应对学业打下非常好的基础。

孩子因为受到大脑和神经系统发展状况的限制，知觉转换的能力也会有一定的差距，表现为听口令行动时，一些孩子总是不能做出正确反应。例如老师说"向左转！"，结果孩子向右转了，同学哄笑起来，老师有时会认为是孩子故意捣乱。有的孩子在听写的时候感到困难，不会记笔记。更多的是表现在写作文上，孩子好像缺乏想象力，无法把看到、听到、想到的内容描写或表达出来。这背后是孩子在将视觉或听觉信息转化为动作、口头语言或书面语言时存在困难。

对于小孩子来说，听指令表演动作、听反话、猜拳、演双簧、背上写字等游戏是比较有趣的训练方法，而随着学习生活的不断积累和锻炼，孩子这方面的能力也会慢慢提高。只要锻炼就会有进步。尤其是在作文教学中，教师在引导孩子们观察和体验之后，先鼓励孩子们说出来，再写下来，反复练习，终有收获。

孩子的大脑和神经系统一生都在发展和变化当中，孩子的学习过程和他们的游戏玩耍过程一样，都作用于这个系统，而这个系统的进步和发展也影响到孩子的学习能力。所以我们教学的过程是非常有价值和意义的，在孩子身上起到的作用不仅仅在于眼前的学习成绩，还会影响到他们一生的学习生涯和发展方向。

2. 现象背后要考量孩子思维能力的发展需要

我们在前面说过，一年级的孩子从表现上来看，有的能认识和背诵很多文字，有的能计算复杂的加减法，这是因为他们上过培训班，受到过许多训练。有的孩子学前一直以游戏玩耍为主，没有学过语数外，所以提起哪一个都是丈二和尚摸不着头脑。那么从这些现象中可以判断出孩子的思维水平吗？这个年龄段孩子的思维能力到底处于怎样的水平呢？我们的教学又应该怎样帮助孩子达到应有的思维水平呢？

在小学阶段，孩子思维的发展变化跨度很大。初进小学的时候，他们还处于具体形象的思维阶段，抽象逻辑分析能力还比较差。但这个阶段正是他们大量积累感性认识的重要时期，当足够的感性认识通过量变发生质变，孩子的逻辑分析能力和抽象思维能力就渐渐发展起来。而一个人长大后思维水平的高度也取决于之前感性认识的丰富程度，因此我们不能以孩子初入小学时就"会"的那些表面的技能，来判断孩子的思维水平的发展状况；更不能在教学中单一地要求孩子具备那些表面的技能，以此来证明自己的教学效果。

拿数学教学为例。刚入学的孩子最重要的是具备数学的准备能力。这些能力包括哪些方面呢？比方说有的孩子自己数数可以数到非常大的数目，但如果只是背下来，并不具备点数的能力。点数的能力包括正着数、倒着数、从中间开始数、按数群数。对于孩子来说，数字需要从实物的指代过渡到数字本身所代表的序列和数量，所以孩子偶尔还需要借助自己的手指头，或者画道道、用石头子儿数出一道题的答案。这是非常正常的，也是孩子必须经历的过程。因此，当孩子说出一道题的答案时，请孩子讲出自己是怎样算出来的，就比较容易把握孩子的思维状况。

孩子还应该比较明确事物的对应关系。一年级课本中有许多连线题，训练的就是这种数学准备能力。给吃饭的每个人发碗筷、抢椅子之类的游戏，也能够锻炼孩子找到对应关系的能力。

通过比较，发现事物之间的异同，也是重要的数学准备能力。这里面涉及相对、绝对的概念，涉及什么是整个、什么是一半，什么是满、什么是空，比较长短、大小、多少、深浅、高低、远近等等。

孩子的数学游戏中，分类也是重要的一种。通过将实物分类，使孩子直观感知集合的意义，从而理解数的组成与分解，体会整体与部分的关系。

孩子通过排序还要理解序列的逻辑概念。例如孩子在1、2、3这个数字序列中，能够判断出2比1大，1就比2小，2比1多一个1，那么3比2也多一个1，2比1大，又同时比3小，这里就表现出思维的可逆性、传递性和双重性。

此外，孩子还需要通过感知、观察和手工活动进行图形建构，建立空间想象，而这正是几何的基础。所以折纸、搭积木、在复杂的空间里钻来钻去等等，都是孩子发展空间知觉的重要游戏。

课堂上，教师需要将生活中与孩子有关的数学现象融进教学当中。例如时间，60秒是一分钟，60分钟是一小时，孩子就理解了60进制。平日使用的钱，10个一角是一块钱，10个一块钱是10块钱，孩子又懂得了10进制。自然的节律，春夏秋冬、年月日、星期等都包含着数学的规律。在超市更是可以直观地看到分类，感受集合的意义。并且在买东西的时候，孩子可以比较哪个更贵哪个更便宜，算算自己的零花钱还剩下多少……

教学中，通过直观的操作，以及鼓励孩子用语言表达出思维的过程，就会比较容易发现孩子的困难，因而也就能够比较准确地帮助到孩子。

这里我们推荐一个数学课的案例供大家参考。

游戏在数学课上的力量

今天，数学课上的是11—20之间各数认识的第二课时。我们整节课以玩小棒为主题。我们居然玩出10+几、十几+几、十几-几、比较大小等玩法，在玩的过程中真是不亦乐乎啊！我突然有一个想法，课上问题的系列化不正实现了数学知识的系列化吗？其实有些知识就是这样以小整合的方式出现的。接下来就记录一下我的游戏串吧！

一、看谁听得准、摆得快。

（1）拿出一根小棒放在桌上，再取一根小棒放在刚才那根小棒的右边（注：从你这个方向看上去的右），现在是几根？（2）你能再拿出一根小棒，用你的左手举起来，然后放在刚才两根小棒的右面吗？能取出一捆小棒放在桌上吗？现在是几根小棒？你能给桌上的小棒分分组吗？

二、比一比谁摆得大。

（1）在比中找方法。

11、13、14三个数怎么比？

教师出示一根和一捆小棒比较11、13、14。

（2）在比的过程中培养数感。

我摆出了13之后，要求孩子摆得比我大一点点儿，最接近13。摆出比我的大5的数，说出一个算式（理解加减法）。

三、双人小品，再次演绎加减模型（学习10+几、十几+几、十几-几）。

我和路尚祺演绎了精彩瞬间！我们俩出示了一个17（我一捆、他出示了7根），孩子们异口同声地说："17！"我顺势问了一句："你们怎么知道的？"燕楚说："数出来的呗！""来数数！"燕楚跑过来，认真地从11数起："11、12、13、……17。"下面响起了掌声！路尚祺立刻小声嘟囔起来："这还用数？"我马上让他大声地说出来！他话音刚落，几个孩子被他的话点醒了，立刻争先恐后地举起手来。看着没举手的同学，我没急，倒是小路同学急坏了！"看，我！"瞬间从我身边跑掉了。还没等我反应过来，他举着7根小棒快步走到我身边，并和我的一捆小棒并在了一起。他满面得意地说："这回总该知道了吧！"呼啦，小手全举起来了，孩子们控制不住地喊出来："10+7=17，7+10=17。"

接下来就没我的事儿了，小路当起了老师！小路问大家："一共17根小棒吧，看我又干吗了？"可爱的孩子举着7根小棒一溜烟跑门口去了，回头问："你能用什么算式表示我和于老师发生的事吗？"孩子们的胃口被这小家伙吊起来了，异口同声地喊出："17-7=10。"这时小路拉了拉我衣角儿，小声说："这回该你跑了……"被第一排的"小机灵豆"王羿铭听见了，他站起来就说："根本就不用跑了，已经是两部分了……"教室里好不热闹啊！

课后马上做了后测，效果好极了！

对于本次课堂的反思：游戏能让孩子全员参与；孩子参与表演让数学更生动；把学习的权利、时间还给孩子，孩子们会更出色！

3. 社会适应能力也是发展的重要指标

到学校上学的目的是学知识，这几乎是所有人的共识。不过，我们需要承认这样一个事实：小孩子到学校去的路上，脑子里想的绝对不是"我今天要向老师学习某某新知识"，而很可能是"今天我又要见到张三了，我要给他看看我的新橡皮"！

如今不少人有这样的质疑：现在孩子学知识有很多渠道，网上有课程，家教可以请名师，有些家长本人就是教师或专家，孩子不去学校也可以学知识，而且似乎可以学得更多。

的确，在资讯发达的高科技时代，很多事情似乎变得容易了，但是一个人的发展需要经历的考验依然不会简化。一个人受教育，能够在社会立足，生存下去，需要有知识和技能的储备，还要有一定的社会适应能力。社会适应能力包括人对情绪情感的控制和管理的能力，倾听和表达的能力，对自己的认识和评价是否客观全面，是否能够理解和适应社会规则等方面。一个人的社会适应能力与他的知识水平相辅相成，缺一不可。也就是说，真正能够立足社会，需要的是一个人综合的认识、思考、分析和解决问题的能力。

我们前面谈到过，孩子有主动发展自己的能动性。为了能够适应社会，孩子从小就喜欢玩伴，如果有玩伴，做任何事都会变得有趣，包括学习。

那么孩子为什么那么需要同伴呢？同伴的存在解决了什么问题呢？

发现自我，调整自我，是孩子发展的需要。因此，寻找同伴正是表现出了孩子主动发展自己的需要。因为有同伴的存在，孩子在做事情的时候就有所参考，这与和自己的长辈在一起很不一样，因为长辈总是把自己看成小孩，所以孩子感觉并不平等。而在年龄相仿的同伴之间，势均力敌，这样一起做事情才会平等。这种平等发生在包括比较、争斗、妥协、分工、合作等关系中。在这些关系中，孩子学会了调整和控制自己的情绪，提高了自己的沟通协调能力，学会了必要的退让和争取。通过与同伴的较量，孩子对自我的认识更加客观和全面，并且变得有目标、有要求、敢于行动、接受现实、主动调节自己等等。这些品质会让孩子受用终生。

在我刚上小学一年级的时候，发生过这样一件事。学校要开运动会了，班里在选拔各种项目的参赛选手。我那时候特别积极，心心念念想要参加的是跳远项目。现在我自己也记不清为什么要选跳远。然而老师并没有给我报名，我就去磨老师，好像还哭哭啼啼的。于是老师在操场画了线，让我和其他同学每个人都试一下，她告诉我，如果我能跳得比别人远，就可以给我报名。当然，我清清楚楚地看到了我与其他同学的差距，也就踏踏实实地认怂了。虽然我有些沮丧，但是老师让我负责运动会的写稿工作，实践证明，这的确是我擅长的。凭着我当时的那一点点观察力和小小的文采，我拼命写出了不少稿件，都被广播播读了。同学们也积极帮我递送稿件，帮我计数，最后因为作品数量多还为班级争了光。所以，这件事虽然让我在运动项目上受了一点打击，但在其他方面也让我感到了自豪。这是在集体环境中得到的宝贵体验，人不可能处处拔尖，也不可能处处无能，客观全面地认识自己，能够自我肯定和发现自己的价值，是成长必要的体验和精神营养。

刚刚告别幼儿园进入小学的孩子，对于自己的情绪情感仍然难以控制和管理，他们常常因为受到语言能力的限制而不能很好地表达和沟通。有的孩子在遇到挫折的时候容易退缩；有的孩子会选择攻击，用哭闹或暴力来表达；也有的孩子从小被宠溺，有些盲目自大，容易脆弱，经不起挫折。孩子的不成熟，也是成年人进行反思、调整和引导的契机。

在集体环境中，每个人的边界都会与其他人发生碰撞和交汇，这是孩子成长的必经过程。因此父母、师长要引导孩子交朋友，避免过度保护，帮助孩子创造更多与同伴深度互动的机会。怎样才算是深度的互动呢？大家都可以感受到，在成人世界里，如果人与人之间相敬如宾，你好我好大家好，这样的关系其实是不亲不疏的，相互之间也不会有什么刺激和激励，大家相安无事。但是在孩子之间，在孩子要认识自己、发展自我的时候，同伴之间的相安无事对他们的发展并没有什么帮助，他们什么也学不到，所以也就没有任何乐趣可言。因此，我们会发现孩子们常常玩着玩着就打起来了，打了一会儿又好了，常常越是争执过的伙伴越是亲密，玩耍的过程也越是乐趣无穷。

苏联教育家阿莫纳什维利曾经说过："孩子来到学校不只是为了学习，也是为了和同伴会面，和他们一起玩儿，彼此交换新闻乃至新玩具，等等。学生永远不会丢掉那些使他兴奋的、使他忧伤的、使他快乐的，以及他希望得到的东西。"所以，教师和家长都要理解，校园生活不仅仅有课堂、作业和考试，还有丰富多样的集体活动。孩子们只有在真实的社会生活、教育生活和家庭生活中，才能完成他们情感和社会适应能力的发展，从而成为人格健全的人。

低年级的孩子是渴望规则的，他们视老师的话为"圣旨"，努力地适应规则，并且为不能遵守规则而烦恼。因此如果他们没有守时或守信的话，实在是因为能力所限，而并非态度问题。

所以，我们的教师千万不要误解孩子，认为他们自私、没礼貌或者脾气不好，他们也不一定就是软弱、霸道或者不合群，他们只是还缺乏良好的语言沟通能力，还不会协商和协调，他们还需要更多的机会，在冲突中锻炼和提高自己的能力。

这里给大家推荐一个教学中的案例，帮助大家了解和理解处于冲突中的孩子，并知晓用怎样的方式解决冲突才更加有利于他们的成长。

让孩子在体育竞技中"报仇"

一天，我正在体育课上教授传球技术，同时融入一百以内的数的排列规律练习。体育与数的美丽相遇，让孩子们兴趣大增。

男女生各站一队，前后一臂半的间隔。上传球时每传出一个球或接住一个球都要依顺序递增10个数。下传球时都要从100起，每次递减10个数。上下混合传球时老师随时提要求数数，例如：个位是3的数，十位是8的数……孩子们传球正不亦乐乎之际，突然听到一句不和谐的话语："老师，李××用球打我的脸……"只见尹同学和李同学厮打在了一起……孩子们一窝蜂地拥上去围观。

这时的我不想再用战争平息剂——"大嗓门"来镇压！

猛然间，我发现三年级的体育课上，李老师正让孩子们在垫子上背对背"顶牛儿"。两只"小牛儿"憋红脸，努着劲，用尽全身力气用自己的小屁股顶着对方……

啊！多好的转移"泄火"的体能训练！于是我站在了他们两个中间，他们这时只好停住了厮打，但是看得出俩人都是满腹怨气，恨不得再掐对方两把。为了缓和气氛，我高声"赞美"道："亲爱的孩子，你们俩打得好卖力气哟，但是缺乏一些技能，取胜是需要技巧的。"这时，两只"气牛"睁大了眼睛看着我。看得出他俩被我的"调侃"整蒙了，我顺势解释道："想学点技术活儿打败对方吗？"他俩使劲地点头。围观的同学也被我弄晕了，老师要干啥？莫非教我们怎么打架？

我顺势指向李老师体育课上的那两名同学，说道："他们这种用屁股打架、比本领的方式我觉得很有意思。你们俩别生气，咱们就用这种方式打一架，出出我们的怨气，报报我们的'深仇大恨'！怎么样？"这俩家伙使劲地点头。一条白线当河界，他们顺势坐下，开始打架。这时，围观的同学也是兴趣盎然，各自为自己的"牛儿"加着油！只见这俩"牛"的表情由起初的愤怒转为专注、由专注转为卖劲儿、由卖劲儿转为开心……一局"顶牛儿"结束，两个小家伙儿抱在了一起，居然还高兴地说："咱俩再比一次！"

随后的日子里，孩子们每每有了矛盾就会就地"顶个牛儿"解决，这里的奥妙不说，您也知道几分！

在小学生的生活中，拌嘴，吵架，最后升级为"武力解决"的事情，都不少见。小学教师应该如何面对这些经常出现的"官司"？是各打五十大板，息事宁人；还是要审它个一清二楚，各负其责？怎样做才有利于孩子的成长，这里面还真有学问。

孩子们是在交往中成长的，对交往中出现的矛盾，教师应该如何看待呢？一种是愁眉苦脸地只看到它的消极因素，"又出事了，这些孩子真不让我省心……"；另一种是认为"出事"正是前进的契机，解决矛盾的过程，正是孩子健康成长、走向成熟的过程。

孩子之间出现矛盾了怎么解决呢？由老师或家长来裁决，好像天经地义，因为这样的裁决，来得又快又简单。先用成人的威严压住孩子们激动的情绪，再絮絮叨叨地讲一番道理，警告以后不准打架，再让孩子们各自散去。然而，孩子们真的内化了大人讲的道理了吗？当他们再次遇到冲突时，还能够控制自己的情绪，找到解决的方法吗？

对于年纪尚小的孩子们来说，遇到事情凭感觉做判断，缺少理性思考，这是他们不成熟的表现。同时，他们也不能太理解空泛的大道理，成人的劝解和要求对他们来说更多是一种强迫，所以效果并不好。因此，应因势利导，让孩子们用动作来表达自己的对抗，在安全的范围内释放出自己的情绪，并在动作中将对抗的情绪转化为友好的竞争关系。没有孩子不喜欢同伴，没有同伴之间不发生冲突。在这样的冲突处理中，孩子才会将分歧和争斗转化为更具深度的关系，才能更好地控制自己的情绪，更加善意地理解对方，并且积极地认识和表达自己，从而收获自信和友情。

4. 学习品质才是能力发展的根本

学习品质包含这样一些内容：好奇心和探索精神、积极行动、承担责任、创新精神、目标明确以及客观积极的自我评价。

儿童身上有着天然的强烈的好奇心，因为家庭教育和学前教育的背景不同，孩子的好奇心和探索欲望会受到限制或引导，所以每个孩子的表现也会有所不同。往往有一些不太安静，喜欢问问题，总给老师添麻烦，甚至有些淘气的孩子，因为好奇心的驱使，总想追根究底。教师首先要在情感上接受他们，并且在教学中因势利导，帮助孩子们在规则范围内进行探索活动。而教师也需要唤起自己的好奇心和探索精神，设计问题导入式的教学过程，利用、引导和激发孩子们的好奇心和探索欲望，然后引导他们一步步解决问题，最后接近和达成教学目标。

当孩子有一个想要实现的目标时，通常都会非常积极地采取行动，但前提是他非常想达成目标，他不怕遇到挫折和打击，敢于承担责任。敢于承担责任的孩子通常具有创新精神，能够打破常规、举一反三和多角度解决问题。他相信总会有办法，他做事的目标性更强，更专注，也更具有坚持性。失败本身和受到批评责备都会给人带来不好的感受和情绪，但是能够接受和排解这些不良情绪的孩子通常都有客观积极的自我评价，他们不会因挫败而怀疑自己的价值，而是将精力集中在如何解决问题上。因此学习品质的养成，与孩子各方面能力的发展状况都有关系，但更核心的因素是自尊、自信、自我价值感以及自我教育能力。

我们能够看出，想要提升学生的学习品质，首先需要尊重和理解学生。教师要给他们犯错的机会，不因犯错而否定他们的价值，并帮助他们在错误中总结经验教训，获得成长和进步，从而帮助学生形成客观积极的自我评价。

说到解决问题，我们大多会想到做题。的确，学生在学校的主要任务是学习知识点，然后教师出题，学生做题，题做得又快又正确就可以拿到高分数，从分数中可以看出学生对知识点的掌握程度，也可以看出教师的教学效果。

然而，我们这里说到的解决问题要更宽泛一些，它包括多方面的问题，学科的、生活的、情感的、社会关系的等等。实际上，对于学生来说，在学校这个集体环境中，他们需要面对的问题其实不仅仅是学习知识点，他们一天中，除了睡觉，一大半时间都在学校和班级里，他们的人际交往主要在学校和班级里进行。而更重要的是，解决问题的能力，不仅仅表现在分数上，还表现在学生对于自我的认识、对自我的要求和践行上，最后作用于他们对自我的评价，这一过程培养的是学生的自我教育能力，而这正是教育的根本。实现学生自我教育能力的提升，教师就需要更加深刻地思考自己的角色，并且对学生的能力、情感、态度等方面有更加准确的把握。

培养学生的学习品质，往往挑战的是教师对于教育的观念和认识，因此它也就体现在教育过程的方方面面，既体现在课堂上，也体现在教学生活的许多细节上。下面的案例或许会对大家有所启发。

一堂小学生的野外生存课

对于貌似见多识广的城市孩子来说，野外生存，电视里见得太多了。于是当老师把帆布捆在树上时，孩子们在一旁嘟哝："这算什么呀？"当老师一步步示范如何生火时，孩子们也不当回事儿，交头接耳，聊着小天。最后老师将材料发给各组，大家试试身手吧！

林子里这么多棵树，选哪几棵来绑帐篷呢？孩子们拖着帐篷转来转去。有的小组绑了一角，又发现距离不合适，摘下来再选树。

为什么怎么绑都绑不牢呢？绳结该怎样打呢？怎么绑才能让帐篷顶呈坡度，有利于雨水流下来呢？孩子们不再说大话了，互相出主意，提建议，配合起来解决问题。帐篷总算绑成了，然后要在帐篷周围制造人类活动的痕迹，用来吓退野兽。孩子们用木棍围栅栏，用树枝藤蔓画圈圈。

生火是最吸引人的项目，大家都摩拳擦掌。先需要挖一个小坑，可是，为什么这么难挖啊？土怎么这么硬啊？怎么用粗树枝也挖不动啊？好不容易弄出个小坑，摆了树枝、棉絮、酒精块，可是，打火石怎么打不出火星呀？刚才老师怎么一打就有火星了呢？

终于打出了火星，可为什么燃不起摆好的材料呢？原来是摆放不合理，不利于空气流通。于是拆了重新摆。

火燃起来了，孩子们满足地笑了。不过他们接着又发现，怎么才能让火保持燃烧啊？于是他们争相再去拾柴、看火……

其实孩子这一生并非一定会遇到野外生存的机会，这些技能也八成不会再用到。但是让想象付诸实践，通过践行实现目标，是一个人成长必须经历的过程。

孩子们还小，对事物以及自我的认识和理解都还不客观。我们看到，孩子们真正试过了才知道许多看似简单的事情，做起来并不容易。所以只有给孩子提供面对和解决问题的机会，才能帮助他们更好地认识自己，认识世界。真正的成熟和自信也正是从这里来的。

"大蚂蚁"靠边站！

我们教师不是口口声声地说把学生当作课堂的主人吗？那为什么主人在课堂上还要这么小心翼翼呢？——身体要坐直、发言要举手、经过允许才能说、让你讨论就讨论、让停就停……我们的孩子虽然在努力地奋斗与抗争，但每次在与家长、与老师、与权威的抗衡中都以失败而告终！强制造成了行为上的压制，压制造成了心理上的压抑，强迫培养了人格的奴性。久而久之，孩子们学会了服从，变得越来越乖巧，变得逆来顺受，变得冷漠麻木。每每在课堂上，看着孩子们面无表情地回应老师，大喊"对！是！"，我好心痛，我深知他们在受着多么痛苦的煎熬啊！尽管我面带微笑、耐心启发、真诚评价、想改变现状，但还是不尽如人意。可是就在某一天的数学课上，我顿悟了。

案例场景描述：

记得在上"连续退位的减法"时，同学们笔算913-248=？学生们的答案出现了分歧，一部分学生得665，有一少部分学生却得出了675。于是我让双方把想法板书在了黑板上，问："到底谁对？怎么办？"大家商量后决定开一场辩论会。我站在了错误的一方参加辩论，激烈的辩论开始了：

甲方（错方）：个位3减8不够减就向十位借1，13减8等于5，十位的1减4不够减就向百位借1，用11减4得7，百位6。所以结果是：675。

乙方的同学不约而同地站起来反驳："请问，个位3减8不够减向哪里借的1？"

"十位的1借走1还剩几？"

"现在用几减4？到底十位应当得多少？"

……

一连串的质问使甲方底气不足，大部分人纷纷"叛变"。就在甲方只剩下一人之际，我挺身而出使出了"胡搅蛮缠"之招儿：就是不明白明明是11减4为什么看成是10减4？剩下的一名同学也跟着附和。但不久他也"叛变"了，并且还给我讲起了道理，从他的表情里我看出了他的不好意思。我立刻上前握着他的小手说："感觉怎么样？"他低着头说："我错了……"我大声说："你错的有价值！谢谢你，孩子！今天的数学课你的功劳最大，正是你的错误的出现，提醒了大家，使我们都对这样的问题引起了注意，避免再犯这样的错误。老师和同学都非常感谢你！"师生热烈鼓掌。

……

案例反思：

连续退位的减法是个难点，学生在这里出现错误是非常正常的。怎样对待这些错误也是老师处理的一个难点。以往我会像和尚念经一样地提醒学生，最后使出绝招——"练！"。因为我知道"再傻的孩子也认得娘"！可当我沉下心悉读小学数学新课标时，我茫然了，其中指出数学学习的评价"要关注学生学习的结果，更要关注他们学习的过程；要关注学生数学学习的水平，更要关注他们在数学活动中所表现出来的情感与态度，帮助学生认识自我，建立信心"。而学生学习的结果出现了问题，究其原因一定是师生学习的过程中做得不够、方式不对头……反思起来也不对啊！小组讨论了、同桌操作了、教师主导了，还有什么欠缺？猛然间我想到，问题出在我太想让学生学会了，我太想给孩子们正确的结果了，忽略了错例，不对，是掩盖了错例！不行，我必须放下我的"尊位"，抓住学生出现的错误，让生生间通过交流、争辩找到错误的原因，感受知识的形成过程。同时又不挫伤出错学生的自尊心，创设温馨的氛围，在我这个"后盾"的支持下，让他们把自己的真实想法讲出来。在碰撞中发现真理，这样的错误经过一场辩论会迅速解决，效果是不言而喻的！自此之后，我就变得"傻"了起来，在和孩子们共同学习的过程中经常需要他们"帮忙"，在他们面前我"时常不知，偶尔不会"。这么一来，课堂竟然变得非常活跃，孩子们常常意犹未尽。

感谢这一次数学课中的"两军辩论会"，感谢这次抓住错因的机会，它使我再次重新理解了教育，拜读了学生，认识了自我！让我的课堂发生了蜕变。

如今的课堂上，我时常仅抛出一个情景，大家便争先恐后地提出自己的问题。当问题摆在面前时，学生们寂静思考，教室里鸦雀无声；随着问题研究的深入，此时的教室又成了"蜂巢"，时而爆发出"我明白了！"的叫声。这时，如果有人冲上讲台，侃侃而谈，那简直就是"鹤立鸡群"，真够威风！还有些同学，简直就是"打不死的小强"，屡次举手，屡次失败，但他们都坚持下来了。

如果把我们的班级比作一个"蚁团"，那我肯定是那只大蚂蚁了。以前我挥舞着大旗指引着、保护着我的小蚂蚁前进，而今数学课就是"小蚂蚁"的舞台，"大蚂蚁"必须靠边站！

在这个课堂上，我们看到教师将问题抛给了学生，巧妙组织学生辩论，自己则故意站在错误一方，为的是激发学生思考。当学生自己发现了错误，进行了论证，就会得出正确的思路和方法。这要比教师反复强调，让学生被动接受一个正确的知识点更有意义。当学生的自主性发挥出来，从"要我学"变成"我要学"，他们的求知欲会更加旺盛，对知识的把握和理解也会更加深刻。

为了让学生们有机会去解决问题并从中得到收获，我们教师需要适度"隐身"。根据孩子们的能力和兴趣安排难度适中的问题，把问题抛给学生的同时，要密切关注学生的情感和态度，在合适的时机给学生提供引导和支持。在这一过程中，教师对学生的尊重和信任与学科专业度、对学生情况的深刻了解是有机结合、相互促进的。

所以，当我们将一年级的新生迎进学校，我们的眼睛里要看到他们真实的发展状况和发展需要，尊重他们的感受，帮助他们发现自己的价值，提升自己的能力。这样我们在进行教学和班集体活动安排的时候才会有的放矢。

◇怎样迎接一年级的学生？

孩子们一直希望自己快快长大，一直希望自己有能力承担难一些的任务，这样才有机会证明自己很能干，很重要。但是孩子们还小，还很懵懂，对新环境的探索主要是靠感觉，所以，新环境带给一年级新生的感觉就显得非常重要。因此，建议教师这样迎接一年级的新生们。

1. 让新生在开学前参观学校，提前参与教室环境的布置

我以自己的孩子上一年级时为例。当时，在开学前一周，老师已经开始做家访，和新生互相认识，和家长做一些沟通。其中很具体的一个方面就是安排新生去学校参与教室布置，熟悉学校环境，并列出了一个长长的清单，内容是新生要带到学校的东西。其中包括储物盒、彩色贴纸、画、毛巾、纸

巾、靠垫儿、喜欢的书等，并希望有条件的家长可以捐一些小书架之类的东西。

作为一个教育工作者，我看出了这一举措的用意，所以带领儿子积极配合。那些零碎的生活用品，不怎么值钱，如果为了方便，交一些班费统一买也是可以的；而主要用来上课的教室，甚至没有这些东西也可以，那么老师为什么给自己找这个麻烦呢？还有，布置教室，买一些贴画、装饰品来就可以，老师为什么要新生参与呢？

其实，对于孩子来说，初到一个环境，最重要的是先找到归属感。而这种归属感就是由一个个的小细节形成的。如果教室中的一幅画是自己挂上去的，桌椅是自己搬来的，靠垫是在家时自己经常抱着的，储物盒上的花纹是自己用彩纸贴的……孩子会自然而然地对学校和班级产生亲切感，与新老师和新同学也更容易熟络起来。

事实上，有一些家长因为太过忙碌，也因为没有注意到这个问题的重要性，所以只从表面上响应了老师的安排；有的家长还捐了比较昂贵的物品，但是如果没有带领孩子亲临现场，只是在开学第一天将孩子送进教室，因此孩子的感觉并不好。那时候我明显看出，开学头几天，有的新生已经很自信地穿梭于教室和走廊，认识新朋友，给人帮忙；而没有提前"做功课"的新生就拘谨得多，有的还抱着妈妈的大腿抹眼泪。

我们一年级班主任在迎接新生的过程中，需要将自己请孩子提前参与教室布置和熟悉校园的用意准确地传达给家长，以得到更好的配合，让孩子找到更加美好的感觉和迎接新挑战的自信心。

2. 先不要多问学习成绩

刚刚形成一个新的集体，每个新生都会有不小的差异，不论是脾气性格，还是知识背景，都各具特色。但是每一个新生都在试图寻找自己在这个集体中最合适的位置，希望自己的存在能够得到肯定。然而他们还小，时而明白时而糊涂地听从和遵守着老师的指令和要求，有时记得写作业，有时就忘了。有的孩子抢着拖地，却不知什么时候弄丢了拖把；有的孩子积极回答问题，好像什么都会；有的孩子上着课会突然哭起来……

每一个学生的背后其实是一个家庭，这个家庭的教养方式、情感沟通状态、社会地位、文化背景等方面都影响着这个孩子来到学校的状态。家长往往最关心的是孩子的学习，担心孩子在写字、算数、英语等方面准备不足，会造成上学之后的不顺利和不自信。所以他们会战战兢兢地询问老师，自己的孩子能不能跟上，然后又把这种焦虑传递给孩子，让孩子不知不觉地感觉到，如果自己不够好，就会有什么大难临头的事情发生。这往往也将老师和学校推向了一个令学生恐惧的位置上。

所以教师需要明白，开学之初尤其不要以成绩论英雄，不要纠结于新生之前是否学过写字、算数和英语，反而要请家长放松心情，乐观对待孩子初进小学的懵懂状态。鼓励孩子交朋友，多关心同学、老师和班集体，告诉家长他的孩子对于这个集体来说有多么重要。当然，我们要用实际的班级活动，来让新生感觉到自己对于这个集体的重要性。因此，先接受每一个学生的不同，肯定每一个学生的重要性，再要求学习成绩，这是迎接新生的必要顺序。

3. 让每个学生都有事干

劳动是一剂良药。我的儿子曾经不喜欢上幼儿园，觉得没意思。但有一段时间，每周三他都特别积极地催着我送他去幼儿园，生怕迟到了。我感觉奇怪，问他这是为什么。原来周三他是值日生，要给大家发碗筷。

孩子能够有事可做，尤其是能够为别人做事，他才会直观地感受到自己的重要，认识到自己是被他人和团体需要的。这样，他才会产生自我肯定，并且产生自律。

在一个刚刚组建的班级里，张三负责地面打扫，保证没有碎纸；李四负责白板，帮助老师擦干净；王五负责浇花；赵六负责桌椅整齐，使其摆成一条直线……每个人可以轮流做，或者合作完成，这样，沟通就开始了。

这也是一种很有效的破冰方式。

一个勤快的、无微不至地照顾学生的教师就像勤快、体贴的妈妈一样，容易教出懒惰的学生。而懒惰的人自己并不快乐，因为他没有机会证明自己的能力和价值，不觉得自己为这个集体所需要。这其实也是小学生厌学的重要原因。

4. 排座位，学问大

座位常常代表着每个小学生在这个集体中的位置。在座位上能否听清老师讲课，能否看见讲台上老师展示的内容，能否与前后左右的小伙伴融洽相处，能否被老师注意到……这些都影响着学生的情绪和学习效果，进而影响他对自己的同学、班级和学校的认可程度。在入学之初这种影响会更加明显，所以说排好座位也是幼小衔接关键期不可忽略的问题。老师需要看到，教室中的每一个位置、每一个角落、每一件物品、孩子们之间的每一次互动都是教育的重要资源。座位的安排方式是形成教学环境的一个重要因素。

小小座位育全人

步入中关村一小的大门，映入眼帘的便是"做最好的我"这句话。这是我们的师生共同的成长目标。从孩子们步入学校的第一天起，一年级9班就在巧妙的座位安排中体现着自我教育，自我发展，自我成长。学生在"爱心座位"的"援助"下体会到了来自同龄朋友间那种稚嫩而无私的爱；在"和谐座位"的微调中得到了终身受益的帮助；在"悄悄座位"中学会了沟通解决问题；在"首席座位"的争取中挑战了自我……我们在"小小座位"的轮换中"做最好的我"，从中感悟着"教育即生活，教育即成长"！

记得开学初，校长讲话的PPT中放了一张标榜"平等"实则忽略个体差异的照片。看着在一群魁梧身材背后的那个矮小的背影时，我好是一阵心痛。还好，我们的课程目标就是践行"全人"教育，让孩子们真正享受教育的平等、公正！

孩子们来到班级的第一件大事就是座位的安排问题。曾记得，开学第一天就有家长打电话谈孩子的视力及座位问题。对此，我没有做任何承诺。

我努力做到：每周左右、前后轮换座位，两周对角换一次，每月自主选择一次。我没有和孩子、家长讲任何原因。可是当我在微信中看到孙可欣妈妈的这些话时我也很震撼："开学几周，每周换个同桌，孩子们可以更快地熟悉彼此，个个都是小帅哥，我的身边曾经有你，我的身旁即将是谁？期待中……这都要感谢老师的巧妙安排啊！"

我给她留言："写得真好！除了彼此熟悉得快，还有一个更重要的目的！你猜猜，猜对了有奖！"

她回复："好难啊，脑细胞有限啊，求答案啊……"

我回复道："要实现教育即生活，教育即成长，孩子就要学会和各种性格的人相处！我们的班级就是个小社会哦！"

她又回复："不可思议！这就是教育……"

很多老师都会在斟酌之后把爱说话的孩子分开坐，我不这样做。我觉得孩子要和各种人相处，不要为了课堂上一时的"安静"，从启蒙教育就给孩子们分了"窝儿"，划了"圈子"。这是教育的悲哀！其实教育真的不是教会学生学到什么知识，也不是进行几通说教，真正的教育是在潜移默化中，处处有教育，时时有教育。教育在每时每刻，每一个巧妙的安排中！全人教育——做最好的我，更是如此！每周的左右换、前后滚动实现了学生之间的平等，但是怎样在平等的基础上实现公正呢？个头小的、视力弱的、确实在一起就要打闹互相影响的……这种种现象难道就要被这所谓的每个学生的座位平等而掩盖了吗？教育是平等、公正的，我们要全方位践行，小小的座位安排也不能放过。于是我们设立了"爱心座位""和谐座位"。

"爱心座位"，其实是设给那些真的需要帮助的孩子，比如赵宣淇因为用眼不当，出现弱视现象，不能向后调。那么他就可以在调换座位后，申请爱心帮助，由他自己选择能看清的位置，并且自己和那个座位的主人协商。这是在培养孩子自己解决问题的能力，同时也可以使对方产生帮助别人是幸福的感受。这不就是友善的表现吗？这样做又不违背公平、公正，也不会让家长因为不满意孩子的座位和老师"较劲"。

良好的课堂秩序是上好课的保障。如果有几撮人上课聊天，那是很容易"传染"别人的，能让课堂顷刻间变成"菜市场"。为了保护好孩子们的自尊心，不给任何一个孩子贴上上课随便讲话、不专心听讲的"标签"，每每换好座位后，我立刻让学生审视一下自己和同桌，或者是其他人之间是不是能做到安静、和谐、共促成长？如果不能，怎样更和谐？这时同学间就会自荐或他荐，申请"和谐座位"。

10月29日晚上，我接到了带这个班级以来第一个让我欲哭无泪的电话。起因是我将全班"葵园小讲堂"的照片全景发到了家长微信平台。我马上就收到一条信息："老师，我们家孩子坐在哪呀？"我的第一反应就是可能没有她们家孩子的"特写"。我马上安慰道："每个人都会有特写，只是不一定在本次活动。再有今天手机没电，插着电源照了些全景……"原以为事情到此为止，没想到晚饭间就接到了该家长的电话，听着火气很足，连吃饭时间都不留。她说："孩子坐最后一排看不见；举手之后老师都不叫孩子发言；孩子什么都学不会……"

不过，当我介绍到"爱心座位""和谐座位"这些事时，电话那边沉默了。我原以为我的座位安排能让家长"消气儿"，谁知片刻后电话又来了："于老师，我们家孩子就像我一样不善于表达，所以没说……"完了完了，我的"漏洞"又被家长抓个正着。是啊！小孩不善言谈的现象存在啊，尤其是刚上学，内向又不认识几个小朋友的孩子。我很自责我的自以为是，走进孩子心里？这只是我一厢情愿罢了！不行！我要解决问题。

孩子不和我说，也不至于下课没有朋友吧？于是我决定再设"悄悄座位"，也就是：你对自己现在的座位不满意，又不敢在全班面前提出请求或者羞于开口，这时，你可以私下里和自己想坐的位置的那位同学悄悄商量换座位，可以不让任何人知道，老师也不例外！于是我们的"悄悄座位"就这样诞生了！

通过和孩子们聊天，我居然发现他们喜欢老师的座位，觉得特别"高、大、上"。于是我们班又出现了"首席座位"。这是和孩子的各项评比挂钩的，每周"小金钻"获得者，将坐老师的座位，即"首席座位"。

"小小座位育全人"的活动，就这样在我们班实践、探索、反思、总结、改进……希望真的能让孩子们幸福成长。

于振华老师为小学生安排座位的方式，对于我们小学教师来说非常具有启发性。因为重点在于，于老师看到了学生自身的需要和局限，也看到了如果给学生提供适当的条件，他们会发挥出自己的自主性，从而引导学生不断成长和进步。我们看到，最初轮换座位的方式，是考虑到使每个孩子有机会互相认识，有期待，也有趣味。但是视力不好、需要帮助的学生怎么办呢？于是产生了"爱心座位"。上课不专心怎么办呢？于是产生了"和谐座位"。不好意思开口的学生怎么办呢？于是产生了"悄悄座位"。喜欢老师的座位怎么办呢？于是又产生了"首席座位"。而且为了得到这种种座位，学生们需要自己努力协商、洽谈、合作，这充分调动了他们的自主性。而于老师这种"办法总比困难多"的解决问题的心态，也给了学生们一种积极正向的引导，使他们对自己即将开始的六年小学生涯充满了信心。

5. 让自己成为新生的"熟人"

不论我们对新接到的学生们报以多大的爱心和热情，我们必须清楚一点：这个班级、这个学校、这些教师，对于他们来说都是陌生的。

我们在观察和审视每一个孩子，每一个孩子也在观察和审视着我们。所以教师给学生留下的第一印象显得特别重要。

在我访谈过的小学教师当中，几乎所有人都表示，教师要亲切。甚至有人认为，教师应该像妈妈一样。家长们也纷纷表示，需要充满爱心和耐心的教师来陪伴自己的孩子。然而对于大多数正常的孩子来说，在家里，在父母亲人那里，他们已经得到了足够的爱，教师不必像妈妈一样，教师就该是教师的样子。所以，教师的亲切与爱心需要揉进权威和智慧里，那里面有对一个"陌生人"的充分尊重，以及对他内心需要的细心揣摩。而耐心则表现在，给学生充分的时间审视和接受自己，并且总是充满自信地陪在他身边，愿意与他保持一定的距离，也愿意与他碰撞和磨合，对自己和学生的关系信心满满。

孩子，我也姓于！

9月1日开学第一天。又是一个金秋时节，这是我从教第25个年头。记不清自己已经接过多少届一年级的孩子，更记不清有多少张稚嫩的小脸儿，从此印在我的脑海中！

孩子们都到了，点个名认识一下吧，当我喊到"于丰禾"的名字时，没有人理我。放眼望去，孩子们都很镇定自若地看着我，我看不出于丰禾到底是谁。三声点名过后，依旧没人理我。这时候的我早已摒弃了年轻时的急躁，在耐心之上多了等待、思考、智慧。我依然亲切地接着往下点着一个又一个孩子的名字，声音比之前更温柔甜美了……点名完毕，我似乎知道了谁是于丰禾，从他那不停地揉搓着衣角的小手可以看出，他好像有些失落。仔细想想，我要是趁机叫他，也许他会应我，可是这个孩子给我的感觉可没那么"简单"。我不想就此简单地收获一个"到"，我在思考他是否能很快地接纳我，我是否能走进他的心里……因为我深知教育也许改变不了人，但一定能影响人，有很好的接纳才能更充分地影响。我立刻回眸朝他一笑，说："于丰禾，老师也姓于。据说我们同姓的人500年前是一家人，如今肯定是亲戚！如果你愿意的话随时找我说说话，给我讲讲你的故事……"此时的他眼里充满了疑惑与欣喜，也逐渐放松下来……

每天的"悄悄话""对个眼儿""勾勾手"等小技巧，终于让他认了我这个"亲戚"。作为一位教师，不能走进孩子心里，不能触摸孩子的心灵是很可怕的事情。全人教育是真正触摸孩子心灵的教育，我们懂孩子，我们才会给孩子需要的教育，否则因何谈"全"呢？"重新"塑造他的性格，应该是他对我最大的需求！

在一个班级里，孩子们性格各异，总会有那么一两个与众不同的小家伙。善良的教师希望和每一个孩子心心相印，但是这样的小家伙却常常封闭自己，往往当你走近他的时候，他会更加退缩和封闭。

是他真的不想融入集体吗？是他真的不想和其他孩子一样享受融洽的师生关系吗？不是的。他只是心中有很多的不确定，他还没想好该怎样做。他其实非常渴望一个"懂"他的人。

而这个"懂"，其实就是接纳这个孩子特殊的反应，耐心等待他的适应和转变，平静地陪伴他，用"悄悄话""对个眼儿""勾勾手"让他感觉到自己被关注，用"亲戚"关系放下自己的身段和他"套近乎"……因为孩子之所以封闭自己，是为了防御外界的压力，如果解除了压力，他的防备也就解除了。

一个人性格的形成，家庭教育起到非常大的作用。但是真正走进孩子内心的教师，对于孩子的影响也是举足轻重的。孩子在学校的情感体验决定了他以后生活的幸福感，影响着他的学习质量和社交质量。所以教师需要认识到情感培养是孩子健康成长的基础，对他的一生都有深远意义。

我们建议教师，相识之初，要先向学生坦诚介绍自己，明确集体的各项规则，树立权威。这样，学生的心里才会踏实。再请学生介绍自己，教师要认真倾听。虽然每一个学生因性格不同，有人显得热情易接近，有人显得冷淡疏远，但是想真正走进他们的内心，都需要天长日久地真诚共处，需要碰撞和"交手"。你要观察你的学生怎样在这个集体中渐渐绽放自己，并且让他感觉到，当他需要支持的时候，你就在他身边。

孩子从情感上接受了自己已经成为一名小学生，成为班集体的一员，有教师、同学陪伴和家人支持，有人和他一起欢笑和悲伤，他的心里就平静踏实了很多。

◇低年级的纪律怎么抓？

"开除老师，我能行！"

有老师时常抱怨："这些孩子，真能折腾！怎么看也看不住！"每每听到这些话，我都要问自己：如果每天有人看着我，我会是什么感受？

其实一个六七岁的孩子，在某种程度上有一定的自制力，同时他们身上还有孩童的那些"洪荒之力"：求好，小大人，好胜，向师，向往自由……如果能很好地激发出他们这些"洪荒之力"，他们自然而然就会在正确的导向中，拨开迷雾成长起来。一旦他们尝到"甜头"，就会疯狂地求"成长"！

因此，我们开展了"开除老师，我能行！"的活动。我告诉孩子们，如果他们一切按常理"出牌"，我将"隐身"，我们各行其是互不干扰！如果某些孩子出现"冒尖儿"现象，为了不让我"显身"，孩子们会互相提醒。我不在他们身边时，一切事情将由他们按部就班地安排进行。例如：赶在上体育课打铃前，整好队伍，带到操场；中午自主分饭、吃饭、收拾餐具；甚至交作业都不用我催一句！就这样，他们仿佛长"心"了、长"眼"了，他们互相提醒，互相关爱，互相补台……别提多有爱了！如果他们的行为出格而且没有人理会，我将出现制止，此时活动将叫"暂停"，次日才能开启。活动终止是他们最痛苦的事情，因为他们得不到我的"偷偷疯一把"的奖励。如果能坚持一周，他们的称呼将由某同学晋级为某老师！随后，就是"老师"开始批改口算、字词作业。如今她们都是小老师啦！

他们在"开除老师"的活动中成长着，友爱着，感恩着，共进着！同时，他们也感受到了自律给他们带来自由的那份快乐与自豪！

这个"开除老师"的活动，充分体现出了于老师的智慧。她了解学生们有一定的自制力，也有"求好，小大人，好胜，向师"的天性，于是为他们搭建了一个平台，用正确的导向，将孩子们成长的力量疏导到正向积极的一面。虽然老师变成"透明人"，但其实严密地注视着学生解决问题的动向，因为如果学生的行为出格，活动便会终止；如果学生连续数日可以很好地管理自己，便有奖励，成为"小老师"，这意味着学生的自我管理能力迈上了一个新台阶。这其实是一个表面上教师"大撒把"，实质上却是有严密监督激励体系的游戏。而我们也看到，学生们在这样的游戏规则之下，亲身感受到了自律给自己带来的自由，这才是真正的自由。

可以看出，低年级的学生主要靠老师的评价来鼓励和引导规范行为，在集体中养成规范意识和习惯也是这个年龄段孩子真正社会化的开始。问题的关键在于，评价不是老师个人的表扬或批评的行为，而是集体的规范和评价；并且，评价标准不能笼统和抽象，要让学生能够直观地体验、理解和感受到，充分满足学生的参与意识，通过合作、竞争等游戏化的手段，形成一种完整的班级文化生态。

关于小学生的习惯养成和评价的方法与作用，我们将在后面的章节中进行具体的分析。

◇ "恼人"的三年级和"成长"的四年级

1. 引导三年级学生的主动调节

相对六七岁的孩子，八九岁的孩子发生了很多变化。许多一线老师感觉到三年级的班级有点乱，常常发生一些让人恼火的事情。对于小学生来说，当不喜欢的或者让人困惑的事情给自己带来压力时，低年级的学生往往会诉诸情感宣泄，通常是回家释放，例如哭闹着不愿意上学、不想写作业，或是向家人撒娇、发脾气。但是在学校里，他们都努力地遵守着集体的规则，服从着老师的管理。到了三年级，学生已经内化了集体的规则，而对自己的需要也更加明确，他们想要表达自己的需要和自己的观点以及想法，并且想要证明自己，于是，主动的探索逐渐开始了。有探索便会有碰撞，那么课堂的"乱"也就显现出来了。

三年级的学生将压力释放的出口转移到了同学的身上，他们更容易争论，控制不好便会打起架来。这个时候的孩子处事能力还比较弱，思考问题往往从自己的角度出发，他们更加希望别人认为自己很聪明，希望自己能够显得与众不同，所以同学之间常常难以建立起良好的关系。

面对这些主动性和抽象思维萌发的小小少年，老师需要起到辅助作用，帮助学生进行有效自我调节。比方说，利用孩子想要证明"聪明"的需要，在学科学习上给予他们更丰富的智力挑战。在自我管理方面，为他们安排一些具体的、目标性强的项目，比方说个人卫生及桌面、桌洞、储物柜的管理，个人空间的个性化设计和管理。鼓励学生发展兴趣爱好和特长，并安排展示的机会。

体育课上的小创新

上课铃响了，三年级的学生整队来到操场，师生互致问候之后，我们开始进行运动前的热身活动。一开始大家的兴致还挺高，我们做了上下肢关节活动、原地下蹲、转体跳跃等活动，不一会儿，孩子们慢慢开始懈怠了，似乎都累了。

一个学生说："老师，能换一个别的活动吗？"

我问学生："你们喜欢什么活动啊？"

另一个学生不假思索，脱口就说："来个锅庄舞吧！"

结果其他同学异口同声地说："好！"

我假装自己不会跳，说："可以啊！可是老师不会跳！"

这时候体育委员小卓玛毛遂自荐，说："老师，我会跳，我可以领舞！"

我顺水推舟地说："那好，大家要听卓玛的指挥！"

我带着孩子们很快围成一个圈，大家手拉手，一点都不拘束。

"可是，没有音乐啊！"

这时，一个同学拿出带在身上的音乐播放器，很快欢快的歌声传了出来。学生们几乎是自发组织，自娱自乐地跳起来，兴致特别高。这时候，我已经下定决心，改变原来的教学安排，把这次体育课改成由孩子们"做主"的锅庄舞课。

于是，我故作严肃地给孩子们挑了一大堆缺点："跳得不好，队形不整齐，动作也不规范……"

可是学生却说："老师，跳得不好还可以慢慢练嘛。您那里不是有电脑，给我们搜一些锅庄舞的视频，让我们看一看，跟着学，动作不就规范啦……"

"可以，那就看你们的表现啦……再跳一曲吗？"

"好呀！好呀！……"

40分钟不知不觉地过去了，同学们跳得虽然不专业，但是很专注，没有懈怠，也不叫苦叫累。我也盘算着下一步和学生们一起搜集资料，继续上好我们的锅庄舞课。

上好一堂课的关键在于关注到学生的兴趣，调动学生的情绪，并加以引导，这样就会水到渠成地实现教学目标。如果教学内容和方式枯燥无味，学生自然不感兴趣，也就很难保持良好的教学秩序和教学效果。根据地区特点进行教学内容和方式的创新是非常重要的，能够巧妙灵活地运用教育技术手段也很重要。从这个案例当中，我们看到三年级的学生更加敢于提出自己的要求，并且大胆地表现自己，这时候教师因势利导，灵活处理，将学生的主动性发挥了出来。相反，如果刻板地要求学生服从，学生的需求没有得到满足，他们必然会对所学内容产生消极懈怠的情绪，可能会做扰乱课堂纪律的事情，那么这堂体育课会让学生和教师都苦不堪言。

2. 让四年级的学生感受到自己"长大了"

三年级的"乱"必然会带来成长，孩子的探索有了一定的"成果"，所以学生到了四年级，就渐渐"稳定"了下来。而学科上的丰富挑战以及班级文化的影响依然意义重大。

这个时候孩子比较明显的变化是交往有了选择性，开始建立起比较亲密的同伴关系。学生中出现了一些"小团伙"，孩子会根据自己归属于哪个圈子来认识自我，构建自我。想要证明自己勇敢的孩子可能会总是和爱打架的孩子在一起，爱看电视的孩子可能总是凑在一起聊剧中的人物和情节。因此，校园文化以及班级文化中的价值引导起到了越来越重要的作用。例如，教师带领学生以"学长"的身份帮助低年级同学，到社区参与一些公益性的活动，这些活动都可以很好地激发学生美好的情感。

孩子就要进入高年级阶段了，他们的思维和情感发展都有了一个新的飞跃。你会发现，随着学生思维水平的提高，他们的情感也变得更加细腻、丰富。所以阅读、写作、戏剧、艺术鉴赏等审美活动显得更加重要，能有效地起到激发和唤醒学生的作用。关于阅读与写作以及审美教育的内容，后面的章节会进行具体的讨论。

◇ "暗流涌动"的五、六年级

1. 给少年们充分的尊重以及价值引领

"××同学，老师想了想，刚才让你写检讨，好像的确是有点过了。你看，其实你一开始就认识到自己这种行为是不对的了，你说我还让你写检讨干吗呢！"

××同学一听老师这么说，就有点不好意思了："老师，那个……是我不对。"

"你很讨厌yy同学来烦你是吗？"

"嗯。"

"老师很好奇，她是怎么烦你的？"

"她就是……我骂她一下，打她一下，她就更来劲了……"××同学给老师娓娓道来。

老师笑了，有点神秘地说："我想，ｙｙ应该是喜欢你吧。"

××同学有点自豪，也很肯定地说："她是有点喜欢我。"

"我就知道。有时候，一个人喜欢另一个人，就会找他的茬。你现在用这么粗暴的语言来对待她，如果她知道了以后，你觉得会怎么样？你可以不喜欢她，但不能不尊重她，不能因为她喜欢你就活该受到你的侮辱。不然，以后就没人会喜欢你了，也没人敢喜欢你了。"

××同学缓缓地点点头，说："我就是发泄一下。老师，我以后不会那么说了。"

这是六年级师生之间的一段对话。随着孩子的长大，他们的理性思维提升了，尽管常常在情感上还不能很好地管理自己，但是只要有师长的点拨，他们就会非常善解人意，并且做出主动积极的自我调节。他们懂得平等与尊重的感觉和意义了，于是特别不愿意老师和家长把自己当成小孩子。从上面的对话中可以看出，老师没有高高在上，而是用反思自己的方式切入谈话，貌似"示弱"，却让孩子感受到了充分的尊重。在引导孩子认识和解释情感问题，以及自己的行为问题上，老师却丝毫不含糊，帮助学生清楚地梳理了事情的内在逻辑，让学生从中自主地得到了成长和提升。

所以，在尊重学生自主性和发展需要的前提下，通过阅读、戏剧、话题讨论等方式与学生交流情感体验，并且讲道理，即做出理性的提升，是学生越来越需要的引领。

进入青春期前期的小学高年级学生，因为身体的发育和自我意识的飞速发展，在情感和性别角色的期待与认同方面需要得到师长的帮助和支持，关于这方面，后面的章节会进行专门的讨论。

2. 给学生锻炼和了解自己的机会

孩子变得懂事，背后隐含的是他们更加明确地想要了解自己、锻炼自己、塑造自己，他们看自己的角度较之前有了变化，开始有意识地寻求自我的发展，尽管这种自觉还不是很成熟。有不少孩子可以表达出自己参加某项比赛或者当班干部的目的是为了锻炼自己；有的孩子会非常热衷各种比赛和活动，名次落后也并不影响心情；也有一些孩子会因为自卑而将自己隐藏起来，不敢尝试。

所以，尽管有着升学的压力，小学高年级的学生仍然需要大量丰富的校园文化活动，比如演讲比赛、游泳比赛、戏剧表演、各种社会实践和公益活动等。学生自己组织的班级活动，应让学生自己想办法解决问题。活动的丰富多样，可以尽可能地让不同特点的学生都有发挥的空间，帮助他们认识和了解自己，这对于他们的成长来说，比仅仅有一个高分数更加有意义。

第二章

怎样帮助小学生建设自己的班集体?

孩子进入小学后,一天中大部分时间都在学校和班级,除了有"××家的孩子"这个身份以外,还有一个新的身份——小学生。他是哪个班的,所在的班级什么样,所在的学校什么样,他的同学什么样,他的老师什么样,这对于这个孩子来说会产生非常重大的影响。所以对于教师来说,除了钻研教学,班集体建设工作也是极其重要的一项使命。

◇ 引导学生感受和认识自己与班集体的关系

班集体建设就像盖房子,如果每一个学生都能够参与劳动,献出自己的一砖一瓦,他就会爱上这个集体,为这个集体负责任。而当这个"房子"能够为他遮风挡雨,带来温暖时,学生会努力将这个"房子"打造得更完美。

我是如何建设班级的?

● "向日葵班"班名的由来——全班同学来命名。

我们新教育实验班级,每个班都有一个属于自己的独特的名字。为了让同学们有参与感和当家做主的意识,我发扬民主,让每个孩子都为班级取名字。教育贵在参与,参与就要思考、创造,参与就是在为班级奉献智慧。就这样,全班42个同学都为班级起了自己喜欢的名字。我将这些名字一一列出,由同学们进行提名,被提名的班名写在黑板上,请大家投票,"向日葵"

这个名字获得18票，票数最高，因此被用作我们一（1）班的班名。

"向日葵班"这个名字是赵紫珊和她的爸爸妈妈共同起的。他们不仅起了名字，连班徽也设计好了，班徽设计得别致且有内涵。

赵紫珊同学的设计说明如下：

我和爸爸妈妈为我们班级起的名字是向日葵班。我们觉得向日葵具有追求光明、适应性强的特点。

作为向日葵班的同学，也应该和向日葵一样阳光、快乐、向上、团结、自信、谦虚。我们要像向日葵一样满怀感恩之心，以春华秋实回报大地、阳光、雨露和园丁的培育。向日葵班每一位同学心中的太阳是父母，是老师，是学校，是祖国。

班徽中心的向日葵代表我们班的每一位同学。

向日葵下面是打开的一本书，代表着同学们每天从书中汲取营养。这本书又像是老师的一双手，辛勤培育祖国花朵，托起民族的未来和希望。

向日葵的果实像我们共同生活的地球，它是我们的家园，我们应更好地爱护它。

班徽草图是爸爸妈妈画的，还未涂色；班徽说明是在爸爸妈妈的帮助下完成的。

集体主义教育，绝不是单纯地讲一些道理，更不是喊一下空洞的口号，而是体现在学生参与的实践活动中。不论自己的提名是否被选中，学生作为班集体的主人已经有了参与的体验。所以说，这个过程本身就是很好的集体主义教育。

● 创建自己的"完美教室"。

教室是大家一起学习生活的地方，"完美教室"使教室里的每个孩子穿越课程与岁月，成为有德性，有情感，有知识，有个性，有审美，各方面训练有素又和谐发展的生命，一天天地丰盈着、成长着。一间完美教室的根本是为了生命的绽放，让人性充满道德的光辉。

一间教室应该有自己鲜明的价值追求，有一种基于生命自由的信仰。完美教室的建设，是班集体建设的基础条件。

一间教室，应该是传统文化习俗与孩子生命天性之间的缓冲带——既是训练场又是庇护所，孩子们既能够体认这些传统又能够对这些传统加以审视与反思。

一间教室，应该有自己的道德人格系统，以及一些相关的用来理解人性的理论工具，并引导学生去理解整个世界，同时以此指导我们在教室中的共同生活。

一间教室，应该以民主的方式生成自己的游戏规则。纪律是班集体形成的保证。过去的做法往往是由班主任从上到下制定一套规则，要求学生被动地遵守。这样的做法，一开始就违背了主体性原则。而采取民主的方式生成班级规则，不但符合学生们的实际情况，而且学生们也更愿意遵守。

2012年10月，我带领一（1）班开始建造自己的"完美教室"——向日葵班。

班名：向日葵班。

班徽：

班诗：向日葵·爱（作者：庄子悦）。

　　　　　向日葵爱美德，

　　　　　美德的光辉在哪儿，

　　　　　向日葵就朝哪儿挥挥手。

　　　　　向日葵爱智慧，

　　　　　智慧的阳光在哪儿，

　　　　　向日葵就朝哪儿点点头。

　　　　　向日葵爱真情，

　　　　　真情的温暖在哪儿，

　　　　　向日葵就朝哪儿扭扭腰。

　　　　　向日葵爱团结，

　　　　　团结的力量在哪儿，

　　　　　向日葵就朝哪儿微微笑。

班级公约：

（1）看到别人有好的表现，要替他高兴。

（2）尊重别人的发言与想法。

（3）自己有好的表现时不要炫耀，输给别人时也不要生气。

（4）用小小的贴心，为别人制造惊喜。

（5）换科目的时候，动作要快，要安静，要守秩序。

（6）认识新朋友后，要记住对方的名字。

（7）无论到哪个公共场所，都要安安静静。

（8）欣赏别人的作品，要不吝于赞美。

（9）自己的理想要坚持。

（10）要乐观，要享受人生。

● "私人定制"生日赠诗，点亮向日葵班的日子。

　　更让向日葵班的孩子感到温馨的是生日赠诗。教室里的生日祝福是新教育实验中的一个特色，它体现的是我们对每一个生命独一无二的关注。有没有生日蛋糕等物质载体并不重要，重要的是让孩子感受到生命被平等地尊重和接纳，让孩子借此机会感受到自己的庄严与美好。

在生日庆典的许多项目中，生日故事和生日诗，是最为重要的两种形式。生日故事，就是为孩子量身定做一个和自身的经历或内在秉赋有关联的故事，以他生日的名义，讲给全班孩子听。生日诗，就是改编晨诵中的某些诗歌，或者教师自己创作，利用孩子名字中的含义、经历中的曲折、性格中的特征，编织出特别的诗句，就像蜘蛛夏洛为小猪威尔伯织字那样，织下最郑重的期许。

我为孩子写的生日赠诗（摘选）：

中国，丁瑞阳——生日赠诗（写给丁丁）

老师，求求您，

您别那么大大地夸我，

我没那么好。

说这话的，是中国——丁瑞阳。

在绘本诗歌创作中，

有一次创作《十一月》，

丁丁文思泉涌，妙笔生花，

一首首优美小诗跃然纸上。

每首小诗的题目下面，

都郑重地写着，中国——丁瑞阳。

在童话剧角色竞选中，

丁丁一次次经历失败，

同学说，丁丁每次都勇敢参与，

老师说，坚持行走就会遇到庆典。

于是我们看到了那么美好的"犟龟"，

创造这一角色的是，中国——丁瑞阳。

每个周末，

同学们自由写一篇小日记。

老师不做任何要求，

丁丁交上来的日记写了上千字，

一句句都是那么得有趣生动。

学习如此主动，中国——丁瑞阳。

瑞阳，

开朗大方，乐观向上，

宽容有礼，有爱谦让，

我们都欣赏她，喜欢她，中国——丁瑞阳。

祝丁瑞阳生日快乐！

● 孩子们相互赠诗庆祝生日（摘录）：

睿智的章章

王紫麒

在班里，

有一位同学——潘睿章，

遇到新事物，

他总会勇敢尝试。

尝试信息技术，

努力地去研究，

成为班级的电脑小专家。

小小的磁力棒，

在他手中变成新奇建筑，

手脑并用，灵感总能迸发而出。

他还是一枚开心果，

做不同搞笑的动作，

让大家一起欢笑。

班里有你真好！

祝潘睿章生日快乐！

织布

庄子悦

太阳在织布，

织出一片光亮。

春风在织布，

织出一片绿叶。

老师的粉笔在织布，

织出一道道奇妙的算式。

刘博修的心在织布，

织出一个个美好的梦想。

祝刘博修梦想成真！

祝刘博修生日快乐！

我们看到，创建一个新集体，共同制定班名、班徽、班级公约等，是非常有效的办法，也更容易引发家长的参与和配合。在班级中为每一个孩子过生日，安排具有班级文化特色的生日庆典，为孩子生日赠诗，以及同学之间相互赠诗，这不仅仅使每一个个体得到了充分的尊重，激发了学生对自我的认识和对集体的热爱，更将班级文化和价值观根植于学生的生命当中。

◇班级建设要突出集体的资源和优势

对于一个人的成长来说，家庭教育虽说是根基，但也有其局限性，而集体教育的环境就起到了重要的补偿作用。集体中有许多有利于学生发展的资源和优势，比方说竞争关系，榜样的作用，协商与合作，冲突与反思等等。教师如果利用好了这些资源，引导和激发了学生的成长，这时就会体现出班级建设的优势。

1. 竞争好还是不好？

提到竞争，我们总会想到将考试成绩排了名次挂在墙上，于是几家欢喜几家愁。其实学生在一起学习生活，参与体育活动、交流、劳动等方方面面的细节中都存在着比较，于是就会有竞争。即使老师不去提醒学生刻意比较，学生自己也常常看得出相互之间的差异。有人说竞争不好，会转移投入事情本身的注意力，从而产生误导；也有人说竞争可以激发学生的积极性。那么竞争到底是好还是不好呢？

竞争有利于学生建立客观的自我认识。有一个四年级的孩子新转入一所学校，班上的同学基础都比较差，于是就显得他"冒尖儿"了。在听到大人夸奖他优秀的时候，他平静地说："不是我优秀，是他们（同学）太差了。"可以看出，小学生即使还不能那么严格地要求自己，但是在集体中却可以比较准确地进行自我认识和评价。当然，这种认识和评价会比较单一，不那么全面。比方说学生可以讲出班上谁跑得最快，自己能跑第几，谁讲的笑话最好笑，谁的力气最大，没人敢跟他打架等，但他们还不太能够整合出一个人综合的特点，即一个人有的方面很厉害，有的方面比较弱。而认识和评价一个人应该全面且综合考虑各方面的因素，这才是尊重每一个个体的前提。

学校内的竞争之所以被人诟病，其根本原因在于学生缺乏综合思考和评价的能力，而教师和家长也犯了单一评价的错误，夸大了某方面的竞争和比较的结果。所以我们教师要清楚地认识到，竞争的目的不是为了比出谁高谁低，而是要引导学生进行客观的自我认识和自我评价，从而进行自我要求。

2. 正确利用榜样的力量

孩子在树立目标和自我要求的时候，非常需要有个榜样。其实孩子非常喜欢"比"：吃饭如果比着吃，就吃得多；做题如果比着做，就做得快。

孩子喜欢有榜样，也喜欢做榜样。于是教师经常在学生当中树立榜样，榜样就是比出来的，学生把榜样当成自己的标杆，努力的时候就更有方向。

在为集体树立榜样的时候，建议教师要关注到做榜样的那个学生的感受。我们常常说：×××同学的字写得最漂亮，我们要向×××同学学习。这里就有一个问题，是以×××同学为榜样，还是以×××同学写的字为榜样呢？这中间有什么区别吗？

这里又涉及认识与自我认识，评价与自我评价的问题。

有这样一个女孩子，文静漂亮，教师一直将她作为同学们的榜样，她的名字就是美丽的代名词。可是在学校的一次戏剧表演中，她和其他同学一样，做群众演员，要扮演乌鸦。乌鸦的妆是把脸抹黑，披一个用黑色购物袋改装的简易斗篷。同学们打扮好后互相扮鬼脸，嘻嘻哈哈。而这个小姑娘坚决拒绝这样打扮自己，宁可不参加演出，也不能接受自己以这样不整洁不美丽的形象出现。

我们发现，由于教师的强化，做榜样对她来说，其实是被贴了标签。这使她禁锢了自己，只能用单一的标准认识和评价自己，换一种标准，她就慌了，就找不到自己了，所以才会拒绝。因此做榜样就成了她的负担和桎梏，不利于她的成长。

因此，我们建议教师在为集体树立榜样的时候，要多强调榜样的内容，少强调做榜样的人。也就是说，字写得漂亮，就主要关注字是怎样的，怎样能够写好；故事讲得好，就强调故事是怎样讲的，怎样才能讲好。

以什么为榜样，也能反映出班集体的价值观。

一位农民企业家聊起他的小学生活时谈到，山里人曾经需要天天上山打柴，攒起来做成木炭，冬天用来取暖。当年的小孩子承担一部分这样的劳动，每天放学都去捡一捆柴背回家。在学校里，同学中谁背的柴最多，谁就自然而然地成为大家羡慕和赶超的对象。背回家的柴要靠墙码放在房前，暑假时孩子们争相上山背柴，看谁家房前的柴垛最高。正是那样的经历，让他学会吃苦耐劳，不断挑战自己。他叹息，现在的孩子不再比这个了，家长不让孩子参与农事，学校只关注学习成绩，其实错失了很多让学生成长的机会。

不过如今在一些小学，教师也开始组织学生进行"生活自理大比拼"这一类的活动，以有能力照顾自己，有能力照顾他人为榜样和目标来引导学生，取得了不错的效果。

班集体建设中，教师认为什么对于学生的发展更有价值，往往就会以什么为标杆和榜样来引导学生。因此教师要不断反思自己的价值观，利用好榜样的力量，建设真正有利于学生发展的班集体。

3. 利用矛盾冲突带来的好处

调节矛盾带来的收获

"小心眼儿男人"皱着眉头、痛苦不堪地向我求助："于老师，我实在受不了了！我必须得向你反映个事情！"我这一听可吓坏了，都受不了了，那该是多大的事情，多委屈啊！我立刻装出一副同情至极的样子，带着哭腔说："都受不了了，确实得快说出来！"

原来是体育课上踢足球时，班上有个"运动美男"，在"小心眼儿男人"踢球时，不知是真拉了一下他的衣服，还是纯粹感觉被拉了一下衣服（因为"小心眼儿男人"大概是班里最瘦弱的，这次居然没有摔倒，甚至是差点儿摔倒的描述都没有）。紧接着他又描述："最让人生气的事还在后面呢！我在射门的时候，明明就要把球踢进门里了，××又绊了我……"在我充满同情和理解的关注下，"小心眼儿男人"似乎更委屈了。

说实话，"小心眼儿男人"的小心眼儿，对于这么大的孩子来说是很正常的，但不正常的是：他不像一般小孩子那样"善忘"，更不像一般小孩子那样"好哄"（领教过不止一次）！而"运动美男"，他是一个自理能力很强，很有"眼力劲儿"的男孩，平时和同学相处很好，很愿意为班里做事情，唯一需要控制一下的就是运动劲儿太足。结果事儿就出在了这儿！当我把"运动美男"叫过来时，我更加明确自己是不能站出来解决这件事情了。因为"运动美男"到我们面前时是那么开心，当听完当事人的控诉时，他面无表情，一脸茫然。这是啥情况啊？

此问题可以诊断为："自作多情"和"无拘无束"撞车了！哈哈，一个是太拿自己"当回事"，另一个是太拿别人"当自己"！谁都没有错！我应该怎么解决？和稀泥？没意思！孩子不能从中获得成长啊！这时，我头脑中立刻闪现出"足球小子"。他是一个具有四年"球龄"的"飚男"，我很欣赏他的正直与宽容，更爱他的"野"性。因为在我手中，他的"飚野"已经是有尺有度了：教室里的"疯飚"转变成"静读"、课间操中的"乱飚"转变成"街舞男孩"、课中的"飚玩儿"转变成"学习的主宰者"……对！我要让他的正直与宽容去影响小伙伴！让他的"飚"也表现在"智慧"上！于是，我把"足球小子"请了过来，告诉他我解决这件事有困难，请求援助。他听了我的诉说后，一本正经地说："这个问题我能解决！"于是，我立刻对两名男孩说："我们不妨听听他的意见，也许对我们有帮助，行吗？"二人同时点头说："好！"

这时"足球小子"开始解决问题了："其实你们俩的问题就不叫事儿！"此时他的目光转向"小心眼儿男人"，"踢球就是运动的项目，真的难免有碰撞！我和大孩子踢球，时常被他们铲倒、撞、摔，小腿曾被踢伤过。上次下巴着地都擦出了火光……""足球小子"接着说："踢球是个有趣的事情，又能锻炼身体，又能交朋友！大家都互相宽容、互相谅解，才更有趣！"此时"小心眼儿男人"情绪平静了很多，但是可以看出"心结"并未解开，我生怕"足球小子"就此结案。谁知这小子把头转向"运动美男"说："踢球是有规则的，我学了四年了。你要喜欢的话多学学，学会了规则，就不会犯规了……"这时"小心眼儿男人"似乎高兴了！"足球小子"又说："你们和好吧！""运动美男"立刻说了一句："对不起！"马上得到了"小心眼儿男人"甜甜的一句："没关系！"孩子们拉着手走了……

这时，也该上课了。接下来的语文课上，三个孩子似乎比平时更认真了，他们的气场变了，感觉瞬间长大了很多很多……

我们看到，在这个生动的案例里，其实三个孩子都是受益者，他们分别在集体活动中，或者说是在社交关系中对自己有了新的认识。"小心眼儿男人"知道了怎样宽容和谅解，"运动美男"知道了怎样体谅他人和遵守规则，而"足球小子"更是在调节矛盾的过程中进一步提升了自己协商、沟通和表达的能力。孩子们都提升了站在对方的角度考虑问题的能力，从而更具同理心。

我们建议教师利用好孩子们的社交冲突带来的资源，这也是孩子为什么要上学的重要原因之一。我们要充分尊重和信任孩子，鼓励孩子们在交往中发挥出他们的自主性。在与他人的关系中了解自己，懂得体谅他人和遵守规则，学会协商和沟通。这些品质只有在集体环境中，在与其他人的交锋中才能得到操练和感悟，而且这些品质将会伴随孩子的一生，能帮助他们在社会中立足。

◇怎样安排班干部？

如今，教师已经认识到应该让学生做班级的主人，于是，通常将几位大胆、活跃、成绩好的学生任命为班干部。然而，如果没有注意到学生自我意识健康发展的需要，只是让个别学生作为教师管理班级的代言人来指挥其他同学，这些小干部就只是学会发号施令，反而会遭到其他同学的疏远。并且他们也不容易正确地认识自己，盲目地沉浸在当"指挥官"的荣耀感当中，最终难以和谐地与他人相处。曾经发生过这样的事情，一个在小学阶段一直当班干部的学生，在进入中学之后成了普通学生，因为与原来在班级中的地位反差太大，他实在受不了，于是躲避现实，躲在家里不去上学了。所以如何安排班干部，学问很大。要避免将学生局限在特定的位置，使他们只能从一个角度看问题，错误地理解学生干部的职能和意义。

因此我们建议教师实行动态变化的班级角色分配制度，也就是说，班干部和各种小岗位的角色任务要在纵向和横向之间定期进行轮换。全班同学都承担角色，都参与其中。这样，班干部职务不再只集中在几个学生身上。教师可以通过定期竞选的方式，或者以某种周期轮换的方式让学生上岗。有些学校的班级还为学生开展了"一日班主任"的活动，设置了非常具体的管理工作内容，学生通过竞选得到做一天班主任的机会，从而得到非常具体的管理工作的锻炼。工作岗位的管理职责可以非常丰富，包括学习类、卫生类、服务类、行为规范类、活动类等，岗位包括课代表、图书管理员、护花使者、早读领读员、小动物饲养员、节能员、清洁管理员等等。

岗位设置的动态变换还体现在可以根据具体情况增加或减少岗位。比方说班上原来没养小动物，但是如今养了，就增设小动物饲养员岗位。评分员现在不需要了，就可以取消。这样可以保证每个岗位是切切实实有任务可做的，不会流于形式。另外，还要引导学生在岗位轮换的过程中"以老带新"，做到任务有交代有衔接。在这样的氛围中，学生就不会把班干部视为某种特权，而是作为常规性的学习和锻炼，是为了服务于集体。

因此，教师自己首先要调整观念，让学生从小学会"能上能下"，真正把当班干部作为锻炼自己的机会。在当班干部、承担工作的过程中，学生可以得到很多观点采择的机会，从而不断提高社会认知能力，同时自我意识也得到健康的发展。

◇班集体建设不要忽视美育的作用

美育，又称美感教育，即通过培养学生认识美、体验美、感受美、欣赏美和创造美的能力，使学生具有美的理想、美的情操、美的品格和美的素养，从而培养学生健康的审美观，发展学生鉴赏美和创造美的能力，所以也称为审美教育。美育要通过各种艺术形式以及自然和社会生活中美好的事物来进行。

美育有狭义和广义之分，狭义的美育专指"艺术教育"，包括音乐、美术等领域的教育。广义的美育，有人这样认为："真正的美育是将美学原则渗透于各科教学后形成的教育。"

美育定义由狭义拓展到广义的过程中夹杂着另一个维度的变化：由形式美育走向了实质美育。所谓"形式美育"指的是以培养对象的审美素养（如审美观、欣赏美和创造美的能力等）为目标的教育活动。而"实质美育"则以上述目标为手段，追求美育的精神实质：人生的美学趣味和教育的审美境界。强调美育对诗意人生的促进功能已成为现代美育的核心。

1. 审美教育要从小开始

在艺术大师徐悲鸿的四个子女中，三子徐庆平是唯一继承父业者，他是中国最早取得留法艺术史专业博士学位的人。作为中国人民大学艺术学院院长的他，十分重视美育。他说："一个伟大的民族一定是一个懂得审美的民族，而一个人如果不懂得审美，就不是一个完全的人，是一个有缺陷的人。"他举例说，20世纪50年代，苏联曾先于美国向太空发射了卫星，这使美国人很受震动，他们研究了10年后得出结论：自己的教育且最重要的艺术教育落后于苏联。因此，艺术教育对一个国家基本素质的价值不可估量。

他强调指出："审美教育要从儿童开始，这是我做了几十年艺术教育工作所得出的发自内心的结论。"

教育家苏霍姆林斯基也多次指出："在儿童时代美的记忆的发展情况如何，将在很大程度上决定一个人赞赏和鄙视、热爱和憎恨的能力。毫无疑问，一个人美感好情感的发展在很大程度上取决于儿童时期对审美能力的培养。鉴于这种情况，我们竭力使儿童易于理解和接受大自然、周围环境、诗歌、造型艺术、音乐的美，在儿童的记忆中留下深刻的印象。"

国务院办公厅发布的《关于全面加强和改进学校美育工作的意见》中，也提出大中小幼美育相互衔接，形成系统的要求。审美教育要从小开始，成人可以考虑从以下几方面进行：

一要进行审美启蒙。

孩子天生是爱美的，审美启蒙并不需要十分复杂的准备条件，而是成人要有这样的启蒙意识，能够见机行事。

有一位母亲，是这样引导孩子发现自然美的。

大自然是美育的丰富源泉。引导孩子发现自然之美，需要家长经常带孩子去郊外或公园，触摸花草，观察鱼虫。

我儿子在一岁八个月时，我带他去郊外，那里有遍地的野花、小草。儿子兴奋地在花丛中奔跑，指着天空中的风筝，说"嗯嗯"，摘下一朵小野花递给我，说"嗯嗯"。微风中，我和儿子站在高处，眺望田野许久。而在此之前，带他外出游玩，他更在意有什么好吃的，或是累了要睡觉，谈不上什么欣赏自然。

之后，我经常带他去公园或是郊外。儿子两岁，慢慢地会说话了。我们去公园，他指着河说"水"，指着花说"花"……我们一起看垂柳，看小鸭，看游鱼，看夕阳……我问他："美吗？"他说："美！"

现在，儿子四岁了。我们去公园，他看到花朵，我问他："花朵美吗？"他说："美！""哪里美呢？""颜色。""还有呢？""样子好看。""你闻闻，有味道吗？"他把小鼻子凑过去闻闻，惊喜地说："有香味啊！"看到小鸟，我们一起欣赏，我问他："鸟漂亮吗？""漂亮。""什么颜色的？""黄色的。""你喜欢它的嘴巴还是羽毛？""喜欢嘴巴，是尖尖的。""它的声音好听吗？""好听，它在叫妈妈。"在引导孩子观察自然的过程中，调动起孩子的各个感官，他会获得更深刻的感受。

深秋的风吹过，地上铺满了一层树叶，树木变得光秃秃的。我和儿子捡了很多树叶，黄的、红的、绿的。我用树叶摆成一条鱼，他用树叶摆成一朵花，我们一起摆个大太阳，其乐无穷。儿子不禁唱了起来："秋风秋风吹吹，树叶树叶飞飞，就像一群蝴蝶，展开翅膀追追。"

我和儿子还有一个爱好——观察天空。我们喜欢看天上不断变幻的浮云；喜欢看晚霞，夕阳透过红彤彤的云彩射出万丈光芒；也喜欢观察夜空，看看时圆时缺的月亮还有闪烁的星星。这一切，都在向孩子诉说着这个美丽新奇的世界。

美是道德纯洁、精神丰富和体魄健全的有力源泉。美育最重要的任务是教会孩子从周围世界（大自然、艺术、人们关系）的美中看到精神的高尚、善良、真挚，并以此为基础确立自身的美。

二要多给孩子提供审美空间。

审美教育的进行，必须善于给孩子提供审美空间，还要不断扩大空间。首先家庭环境就是一个很重要的审美空间。

随着孩子的年龄越来越大，我们要鼓励孩子多参加艺术活动，把去博物馆观展、看演出、听音乐会、看美术展览变成一种习惯。这都是在进行学习，而且是比课堂知识更重要的学习。

更重要的是给孩子自由的空间。美国现代舞先驱伊萨多拉·邓肯，在自传《我的爱我的自由》中写道："一个人一生的事业应该从小时候做起。真不知道有多少父母能认识到他们给予孩子的所谓教育，恰恰使孩子变得平庸，剥夺了他们展现和创造美的机会。"邓肯之所以成功，就在于她的母亲，给了她一个充分自由的空间。

有一次，邓肯的母亲好不容易凑够了钱，送她到一位著名的舞蹈教师那里去学习。没想到，只学了三次，她就不去了。她说："老师教的舞蹈完全是没有生气的软弱体操，和自己理想中的舞蹈完全不同。"母亲听了，不仅没有责备她，反而说："如果你认为自己的舞蹈才可以真正地表现自己，那么就勇敢地去跳自己的舞蹈吧。女儿，自由地表现艺术的真理，也是生活的真理。"

三要养成审美习惯。

更重要的是要从小养成审美习惯。徐庆平教授反复指出："我们在生活中的每时每刻都在进行审美，不一定非要付出很多时间和金钱。艺术是最自由的东西，每个人都能在自己身边发现千差万别的美，但如果他们没有审美习惯，不是真正愿意追求美，被强加的东西很快就会被抛弃，反而会事倍功半。""在欧洲国家，孩子们从小就有去观赏艺术活动的习惯，每到周末和假期，他们总是去看展览、听音乐会、欣赏演出。他们到任何一个新的地方去度假、休息，工作之余总是首选参观博物馆，而且是美术博物馆。""我们的孩子也特别需要从他们幼年起就接受这样的审美教育，养成审美习惯，不断进行审美和美的比较。他们就会有一种开阔的美的视野，他们对美的理解会很全面，这种审美习惯将对孩子的一生产生重大影响。"

另外，从小要上好音乐、美术、书法等课程。实际上，中国中小学里的音乐、美术、书法等课程，就是很好的审美习惯训练，也是一种很好的制度设计，足够给孩子们良好的启蒙教育，关键是我们应该让这些课真正达到课程设计所希望达到的目的。

四要让审美教育和其他教育和谐发展。

审美教育不能孤立地进行。为什么艺术院校的一些学生仍然会犯罪？法西斯分子为什么能够在焚烧犹太人时拉起小提琴？这说明，孤立地进行审美教育存在着问题。

其实，美本身并不包含任何能使人精神高尚的魔力。美只是在创造美的劳动中，发现了人的本质力量，认识到人的尊严，人的价值。也就是说，当一个人为人们的幸福进行创造美的劳动时，他的精神才能高尚起来。

所以审美教育一定要和情感教育、道德教育结合起来。苏霍姆林斯基曾说："作为进行情感教育、审美教育和道德教育的一种手段，大自然的美只有在对人的个性施加精神影响的所有手段的普遍和谐的情况下，才能起作用。对于少年来说，大自然的美，首先是培养审美知觉修养的学校。大自然的美能培养细腻的情感，帮助感觉到人的美。"

因此，我们的教育工作非常重大的意义是努力使人能够从人们为他人所创造的珍品中，看到和感觉到人的美、人的劳动和人的尊严。

五要避免陷入误区。

现实生活中的审美教育，在学校和家庭中已经逐步开展起来。但是受到不良动机的影响，出现了一些误区。

首先，功利化思想使美育变味。现在许多孩子都在参加兴趣小组，但是有的家长是带着严重的功利目的将孩子送入兴趣班，将艺术特长当作升入名牌学校的敲门砖。从小让孩子得到美的熏陶，主要的目的应该是"成人"，成为真正的人、全面发展的人，而不是单纯学一点表演技术，更不能把孩子引向追求名利的歧途。

孩子在发现自己周围的美，并对这些美感到非常兴奋、赞叹的时候，正如同在照镜子，也会观察到人的美。孩子对美的这种感受启蒙得越早，对美的惊奇越精细，他的自尊感就越高，就会有越高尚的追求。

还有些家长认为学习艺术会耽误孩子的文化课学习。对于这种观点，徐庆平教授说："如果一个孩子非常喜爱艺术、注重学习，在这方面的天赋得到发展，说明其形象和抽象思维将得到很好的开发，将会使他们看问题更全面，更具创造性和想象力。"

其次，还有的家长强迫孩子实现自己没有完成的艺术理想。这更是家长自私的想法。每个人的兴趣爱好并不一样，智能结构也不相同。家长应该根据孩子不同的个性，尊重他们的意愿，通过审美教育帮助他们成长。

在这方面傅雷给我们树立了一个好榜样：

文学翻译家傅雷，也精通美术理论。他开始想培养儿子傅聪学美术，但是后来发现傅聪的兴趣根本不在画画上，而是一听到音乐，就全神贯注。于是傅雷果断决定让傅聪放弃绘画，改学钢琴。最终，傅聪成为一名著名的钢琴演奏家。

2. 戏剧等综合艺术有独特的美育功能

艺术教育包括语言艺术教育、造型艺术教育、表演艺术教育和综合艺术教育。戏剧、小品、木偶戏、皮影戏、电影和电视剧都属于综合艺术教育。

为什么一些名校和名师，都不约而同地十分重视戏剧等综合艺术教育？例如苏霍姆林斯基的帕夫雷什学校，成立了木偶戏剧团和话剧小组；美国第56号教室，雷夫老师带领孩子们，每年排练一出莎士比亚的戏剧；北京十一学校，话剧团是最受学生欢迎的社团之一；北京不少中小学的英语戏剧蹿红校园。原因就是戏剧等综合艺术教育，有其他艺术形式所没有的独特的美育功能；是最贴近生活，震撼人心的艺术形式；是深受喜爱的一种思想教育手段；是发现和培养各式各样人才的又一途径。

苏霍姆林斯基指出："感知美和理解美是审美教育和审美修养的基础和核心，离开这个核心，对生活中一切高尚的东西都会没有感情，失去知觉。教育者的最重要的任务，就是要使儿童、少年和青年形成关于人的美、关于人的思想、情感和体验中的高尚神圣东西的观念。我们要使这种观念成为有血有肉的东西——用具有高尚道德行为的生动实例来充实它。"

那么，到哪里寻找生动实例呢？除了日常生活以外，戏剧等综合艺术教育就是一个最好的选择。因为它最贴近生活，有其他艺术形式缺少的独特功能：

一是戏剧和影视艺术等综合了绘画、文学、音乐、舞蹈、摄影等各种艺术元素，综合之后，又生发了"源于生活，高于生活"的独特美育功能。它使每个人在观看时，各种感官都进入充分感知的状态。李泽厚在《美的历程》中说："中国戏曲……通过音乐、舞蹈、唱腔、表演，把作为中国文艺的灵魂的抒情性和线的艺术，发展到又一个空前绝后、独一无二的综合境界。它实际上并不以文学内容，而是以艺术形式取胜，也就是以美取胜。"

二是戏剧等艺术是最接近生活的表现形式，逼真、具体可信，能够打动人。观看时每个人都感同身受。在剧院中，常常看到观众一会儿哈哈大笑，一会儿痛哭流涕，即使散场后心绪仍然不能平静。艺术史上还曾记载，如中国的《白毛女》和西方的《罗密欧与朱丽叶》上演时，观众忘了自己在看戏，向演员开枪的不幸事件。

三是戏剧等艺术将生活中复杂的、分散的矛盾和冲突加以提炼和浓缩，在有限的时间和空间内，表现出强烈的剧场效果，最容易激起观众的情感共鸣。这种占时少、内容精的形式是进行青少年教育最好的手段，应该在学校教育中大力提倡。

例如话剧《办公室的故事》，一个小小的舞台，有限的几个人物，就能够把每个人的内心世界和当时社会上的流行文化展现得淋漓尽致。剧场里不时发出会心的笑声。在演出后的座谈会上，著名演员冯宪珍谈到：如何培养下一代青少年热爱戏剧？戏剧是伟大的艺术，应该让孩子们接触。剧场里，演员和观众在同一个空间，是平等的……要让学生理解戏剧的伟大。我们需要先让学生多接触戏剧，逐步了解戏剧，最终喜欢上戏剧。

四是戏剧能够给儿童留下深刻的印象。

在乌克兰首都基辅参观苏霍姆林斯基幼儿园时，给人留下深刻印象的就是孩子们演出的童话剧。

幼儿们演出的是苏霍姆林斯基编写的童话剧《一个苹果的故事》。演出时，孩子们完全沉浸在剧情中，两个小姑娘表演怎样克服困难，勤奋劳动，种下了一棵苹果树，然后全家人浇水、除虫，尽心照看。秋天到了，树上结出红红的大苹果，姐妹俩摘了一个大苹果，送到妈妈那里，妈妈把苹果分成两份，但孩子们说：妈妈还没有尝到呢。妈妈说：是啊！即使分成三份也不够，整个村子还有很多人没有尝到苹果，全世界还有许许多多的人……怎么办呢？于是在场的幼儿们开始认真讨论：怎么让全世界的人都能够吃到大苹果？

整个表演在音乐的伴奏声中缓慢进行，孩子们全都被童话剧感染了，他们在想，好事情怎么能够让全世界的人共享？这个演出真是寓意深远啊！

在少年宫木偶戏小组活动中，我们能够很明显地发现，孩子们极其喜欢木偶戏，不论是演员还是观众都会被木偶演出吸引。即使演出一个小节目，如描述一个爱随地吐痰的老爷爷总改不了坏习惯的狼狈情节，孩子们也会个个哈哈大笑，前仰后合，而且一次再一次地要求演出。

这样一个简单的情节，为什么孩子们会多次要求"再演一遍"？就是因为在表演的过程中，孩子们得到的是一种审美享受。通过木偶戏这种综合艺术，用夸张的人物造型，动听的音乐，生动的台词，有趣的动作，使孩子们的感官、想象、期盼、道德需求都能够反复得到满足，教育就是在这种润物细无声中悄悄进行的。

五是多一个平台，就多发现一批人才。

美国第56号教室的优秀教师雷夫，在一个班级里长期坚持艺术教育。他们每年制作、演出一出完整的莎剧。当地居民高度赞赏他们为"霍伯特的小小莎士比亚们"。

雷夫为什么十分重视艺术教育？他说："接触艺术教育的孩子学到的，远远超过他们所学的艺术本身。"他是极有远见的。他认为演出"关乎语言、音乐、团队合作、冒险、纪律、勤勉，以及自我发现"。

每个同学都自愿参加戏剧小组，尽管这个活动要"耗费他们一年的时间，也意味着他们必须放弃电视、电玩，以及流行文化"。

他们亲自制作服装、布景，一遍又一遍地读台词；在演出中场休息时，小演员们并不休息，而是为观众送上点心和饮料；演出结束，他们虽然非常疲劳，但还是会坚持自己打扫卫生。

我在一个初中实验班进行自我教育实验研究时，发现这个班的生源比较差，学习困难和品德欠佳的学生，几乎占了三分之一。平时课堂上，活动难搞，但是在排练《东郭先生和狼》的过程中，却发现他们个个都是人才，他们主动制定纪律，自动维持纪律。报名踊跃，像"导演"这样高要求的岗位，竟然也有三个人竞争；东郭先生这个角色台词最多，也是多人竞争。"驴"这个特殊角色，也有人不怕别人开玩笑，主动请缨。准备服装、道具是个繁琐的幕后工作，也有好几个人主动承担……

通过这个活动发现了许多人才：一位出色的导演，全面了解剧情，调动每个演员的积极性，让他们恰当演活每个角色，而他是一个所谓的个别生；一位出色的演员，投入到剧中，活灵活现，而他在课堂上是一个"闹将"；一个默默为演出找来了服装、道具的后勤人员，而她是一位学习成绩不好的所谓的笨学生。还有一位平时稀里糊涂、打打闹闹的学生，现在看到别人个个如鱼得水，都找到了自己的位置，而自己什么也不会，也开始沉默了。这个沉默也不错，可能会爆发新的动力！

六是舞台能够培养孩子们的创造能力。

苏霍姆林斯基认为："音乐—想象—幻想—童话—创作，孩子就是按照这样一条途径发展他的精神力量的。"不同层次的戏剧等综合艺术，适合不同年龄孩子的发展需要。戏剧艺术是综合了绘画、文学、音乐、舞蹈、摄影等各种艺术的元素，能够为有着不同潜能的学生提供创造的舞台。

幼儿和低年级学生富于想象，对于童话剧、木偶剧，甚至利用玩具扮演各种角色，都能够进行再创造。

苏霍姆林斯基说："每次去童话室孩子们总想玩一会。不管是男生还是女生，大伙儿都能找到心爱的木偶或玩具，游戏变为创造性的活动：孩子们成了童话中的角色，而木偶在他们手中则帮助他们更好地表达思想和感情。

"如果我能使一个在思维发展上遇到很大困难的孩子，想出一个童话故事来，并在想象中把周围的几件事物联系起来，那我就可以满怀信心地说这个孩子已经学会思考了。

"创作童话故事对孩子们来说，是一种最有趣的和富有诗意的创作活动。同时，这也是发展智力的重要手段。"（引自苏霍姆林斯基的《育人三部曲》）

中小学生可以在课本剧上发挥自己的创造能力。

学生是被动地接受一篇课文，还是主动去模仿、演出一个课本剧，效果可能会有天壤之别。由于大多数学生没有演出的经验，排练课本剧的最初阶段，可以以雕塑剧的形式出现。雕塑剧的特点是，演员只需要摆出一个恰当的姿势，不需要有动作，更不需要说台词，台词由另外一个同学负责。这样可以把演出的难点分散，负责形象的专门攻克形象塑造，负责台词的专门攻克朗读。

研究表明，特殊的戏剧还能够帮助学生克服胆怯。这就是木偶剧、皮影剧、手影剧的特殊功能。因为这种演出，演员藏在幕后，不直接和观众见面，能够在相当程度上减少恐惧，有利于学生在幕后大胆表演。许多经验表明，口吃的学生，胆子小的学生，尤其是学习外语张不开嘴的学生，通过参与这种演出，都取得了惊人的进步。

总之，由于是综合艺术教育，所以，不仅有表演潜能的学生可以发挥自己的创造性；其他学生根据演出的需要，无论在绘画、文学、音乐、舞蹈、摄影、电脑技术等方面都可以发挥自己的创造性。

3. 美育怎样进班级、进课堂？

以下是北京市级骨干教师，首师大附小的郭丽萍老师通过带领学生游园写诗来打造班级文化的案例。她利用学校所在地域的文化条件，将美育融进语文教学，融进班级日常文化，给我们教师带来很多启发。

（1）游花园·园林博物馆·颐和园（谐趣园）。

在游花园课程中，认识、欣赏大自然元素的独特性；了解园林元素，懂得元素需要互相配合，才能成就美好风景；学习园林设计技法——弯弯曲曲、变大变小、遮遮掩掩等。园林的主角是自然，营建园林建筑，是为了亲近自然，更好地欣赏自然，充分让学生用五官感受，发挥他们的想象力，构建自己内心的园林。园林元素"石、树、水"如同文字，编排方式的不同，可以记录下不同的主题，创造很多可能性。园林建设可以把对家庭的美好愿望放进花园，成为心愿与祝福。

3月28日"游花园"课程第四单元《乾隆花园的秘密》开课了，学生分享乾隆皇帝邀请卡上的文字密码"八面威风、家宅安宁、古今朋友、春花秋月"。在老师的引导下，学生们了解到园林也是一种留住记忆的方法，并走进了乾隆花园，探寻密码隐藏的秘密。第一个要解开的密码是"春花秋月"，在老师的细致讲解下，学生们深入地了解了乾隆花园中"春花秋月"的含义，并利用自然元素教具拼摆了一个园林。孩子们在愉快的活动中感受到了乾隆皇帝对于自然的爱护和尊重。接下来在老师的引导下解开了第二个密码"古今朋友"，乾隆皇帝的朋友都有谁呢？它们就是岁寒三友"松、竹、梅"。乾隆皇帝欣赏它们高尚的品德，于是建造了三友轩，让这些朋友常伴左右。除此之外，乾隆皇还有一位古代朋友，那就是王羲之，为此他还发明了"曲水流觞"这个游戏来纪念他，向他学习锲而不舍的精神。解开了两个密码，对于乾隆花园就了解了一半，剩下的两个秘密将会在下节课揭秘。课上到这里，孩子们恋恋不舍，不愿意离开，很想继续了解，足以看出孩子们对这节课的喜爱。

室内课程结束后，我们走进颐和园的谐趣园，这是乾隆皇帝送给母亲的生日礼物，藏有美好的愿望和对母亲的祝福。下次就是室外课，走进颐和园感受园林的美好。

（2）游花园，学生创作诗歌。

2016年4月15日，首师附小通汇校区四年级一班的41位学生与四位老师在完成"游花园"六个单元的学习后，一起走进了颐和园的谐趣园，那里藏着乾隆皇帝的哪些小秘密呢？孩子们带着考察单走进了这个承载着历史印记的花园。

沿着山路走下来，就到了有"园中园"之称的"谐趣园"。"一亭一径，足谐奇趣"就是从这儿来的。其实它是仿照苏州无锡的"寄畅园"而建造的，里面每一处景观都体现了园林的设计美感。

孩子们拿着手中的作业纸和地图，认真学习，认真考察。哪里饮水当明镜？哪里景观最丰富？哪里可知鱼之乐？孩子们边学边记录。

"知鱼桥"是根据建园的需要而建造的一座小石桥，被乾隆附庸风雅了一把。战国时，庄子和惠施关于鱼的论战，也被搬到了这里，而且还真养了鱼！其实，那只不过是一个哲学命题，是一种形而上的精神领域的答辩，只有像乾隆这样的人才会真的建一座桥来昭示他的功绩。快看，我们的孩子也纷纷作诗，写出了他们心中的美好感受。

谐趣园虽不大，但极其精巧。沿着弯弯的荷池四周，建有楼、亭、斋、台、堂、轩、榭十多处，与水池、山石、桥洞、林木交相辉映。漫步于谐趣园，感觉变幻无穷，移步换景，举目成画，园内处处透着江南秀色、诗情画意，确实足谐奇趣，不负盛名。

伴随着实践学习的结束，一学年的游花园课程也结束了。学生们在快乐的氛围中了解历史，感受文化，也在实践中学习知识，享受乐趣。

游园之后，孩子们进行诗歌创作。（摘选）

树与亭

王骏骁

一棵桃树被种进了颐和园，

经历了春开，夏放，秋收，冬眠，

它不断努力为的是——开放。

一座亭子被"种"进了颐和园，

和树一起生活，

那座亭子被称为"兰亭"。

"兰亭"非常骄傲且不喜欢树。

兰亭常常说："我以后会人人熟知，

小亭子，你就不会！"

每当这时，树就在开放。

几百年后，

兰亭果然是众人熟知的亭子，

可不知为什么，

大家更喜欢和这棵桃树合影。

山水兄妹

王双

大自然妈妈生了两个孩子，

山哥哥和水妹妹。

山哥哥不爱说话，

水妹妹喜欢唱歌。

哗啦，哗啦，

瞧，水妹妹又在唱歌了。

当水妹妹不开心时，

山哥哥就用他身上的大树和小花，

散发香气，逗水妹妹开心。

看，这是一对儿多么可爱的兄妹呀。

黑天鹅与水

罗语佳

你这湖水，

全身冰凉，

你让我如何是好。

黑天鹅，

你别怕，

让我再想想办法。

等过几天，

夏姑娘来了，

你就不冷了。

知鱼桥

王浚伊

我，

静静的，

静静的，

架在湖面上。

刮风了，

下雨了，

鱼儿们，不要怕，

快快来到，

我身下。

首师大附小童诗创作课程：

从一年级开始，我们的晨诵一直在坚持。一边诵读，一边创作。开始的时候，孩子们是简简单单地模仿，渐渐地，我引导孩子进行自由创作，每个人每学期大约创作诗歌18首（每周一首）。有一次我们阅读和梅花有关的诗，欣赏了几首之后，老师给出一幅图，同学们自由创作，在此选取其中几首：

我不怕

和法忻

哗啦，

北风来了。

哗啦，

冰雪来了。

哗啦，

我开啦！

陪伴

刘子涵

雪，

是我最好的朋友，

云朵姐姐把他送下来，

我相信，

他下来后，

一定会轻轻地，慢慢地，

落到我在的枝头上，

默默地陪伴我。

梅花

苏宸辉

雪中的梅花，

像一个欢笑的孩子，

静静地欣赏，

别人看不到的美丽。

融化的冬天

王润

我喜欢冬天，

那清凉的雪，

那温暖的雪，

打在我的身上。

雪用它的温暖，

暖着我，

我用我的温暖，

暖着它。

我和它

在春天里

融化。

　　　我胜利了

　　　　唐楚沣

寒风,

在袭击我。

但是,

我有温暖的心,

足以战胜它,让它畏惧。

冰块,

在冷冻我。

但是,

我有融化它的勇气,

足以挫败它,

让它逃走。

　　　　冰与梅花

　　　　　丁自远

一块冰,

靠上梅花:

我要冻僵你。

梅花笑了:

我要温暖你。

寒冷哪里抵得过,

火一样的温暖。

它终于化在梅花的心口。

四年级上学期，庄子悦同学还有了自己的个人诗集《向日葵·爱》，摘选如下：

雾

雾很懒，

它粘着山妈妈，

不愿离开。

可是，它也得长大，

它一点一点上升，

最后，它变成天空上的一朵白云，

自由地漫步。

人也像雾一样，

小时候，一直粘着妈妈，

但是，我们也要上学，长大，

最终，我们离开妈妈，

变成充满知识与智慧的大人，

幸福地生活。

教师赏析：

雾粘着山妈妈，小孩子粘着自己的妈妈，这是多么充满温情的画面！当雾长大，离开山妈妈去自由漫步，当小孩子长大，可以独立地生活，这是多么美好的场景！此情此景，蕴藏着小诗人的智慧，也带给我们美好的遐想……

第三章

守好课堂这块阵地

◇课堂教学案例1：《看瓜》给孩子的启示

这是我的一段课堂讨论记录：

（孩子们玩得口渴了，吃个瓜不算偷。河里摇船的人累了，停下来，摘个瓜解渴，也不算偷……）

老师：仅此不算偷吗？

学生1：过路的人路过这里口渴了，吃个瓜不算偷！

老师：给路过的人解渴不算偷！

学生2：邮递员叔叔送信到这里，吃个西瓜不算偷！

老师：为我们服务的人吃个西瓜不算偷！感谢为我们服务的人！

学生3：村里邻居家来客人了，吃个西瓜不算偷！

老师：好客的爷爷！

学生4：一只生病的小动物（饿晕的小动物）吃个瓜更不算偷！

老师：有爱心的爷爷！

……

此时文章的理解不仅仅停留在爷爷的大方上，而是更高层面、立体式地展现出了爷爷的那份博爱。

难道爷爷就没有底线吗？何为爷爷眼中的偷呢？

学生1：摘个西瓜，踩坏了小西瓜，这比偷还可怕！

学生2：打开个西瓜看看不满意，又打开一个，这就是"偷"。

学生3：吃块西瓜剩了很多红瓤就丢掉，这还不如偷！

学生4：可恶的小刺猬每个西瓜上都掏个洞，就是偷！

……

爷爷予人方便，但是同样守望着瓜！引申出了这个"西瓜专家"的爱瓜情感。

我又对讨论进行了引申：

老师：老师的问题让你兴趣十足，你抢答了，这不叫没规矩。那么什么叫没规矩？什么叫有规矩？

学生1：别人说完了，我接着说。这也不叫没规矩！

学生2：别人发言，你不倾听也跟着同时说，这就叫没规矩！

……

就这样的一个小小的引申，让孩子们更深刻地懂得了爱、规矩、尊重等一系列做人的道理。

◇课堂教学案例2：画嘴

我是一个市级数学骨干教师，在数学学科专业方面一直努力地学习、践行、积累……从最初的钻在教材里看数学，到跳出教材看数学，再到站在教育上看各学科，这样一个过程我整整走了20多年。自从我投入到融合课程教学，在快两年的摸索前行中，我竟然发现我的教育观发生了让我都无法相信的改变！那就是：跳出教育看教育，教育即生活！这不仅仅是学科间的知识融合，更多的是孩子们的成长融合。引导孩子用"融合"性方式解决问题，把孩子的德育做成了"欣赏性德育"是我最大的收获！现举几个小例子与大家分享：

现在的孩子大部分性格开朗，喜欢表现自己。于是课堂上的"悄悄话"、课间的"语言摩擦"、中午的小"馋嘴儿"等很多问题都出在这张嘴上！而我们的思想品德课程中有良好习惯及友好相处的教学内容，语文课程中有"我的介绍"，美术课程中有"我的自画像"……为了让孩子们很好地管理起自己的"小嘴巴"，我们进行了"我的嘴巴"创意活动。活动要求学生首先思考自己的小嘴巴的优缺点；其次，希望自己的小嘴巴有什么"变形记"；最后，构图，进行口语交际。他们真的因为这一融合活动的开展，懂得了"嘴"的妙用！每个孩子都在尽最大的努力克制自己的问题，发扬自己嘴巴的优点。来一起看看孩子的作品及他们的心里话吧！

（看！我是不是特文静可爱？上学一个多月了，老师每天都在课上问："谁在下面讲话呢？"你们一直都没找到那个随便讲话的"家伙"吧！我就是那个不张嘴都在说话的会腹语的人！我最大的特点就是：满身是嘴——多嘴！我争取努力变成一张嘴！）

（我的嘴有好多特点：这蓝色的嘴与众不同，总是说一些让大家不快乐的话；我的嘴还是一张会品尝美食的嘴；它是快乐的嘴，也是挑食的嘴……）

（我这张嘴不管到哪儿，都能挑起战争！所以我给自己的嘴巴取名叫"刀兵相见"，是一张具有杀伤力的嘴！）

（我的嘴是快乐的嘴，因为它会微笑、有礼貌、会交流、品美食、有爱心……它每天都过着快乐的日子。）

◇课堂教学案例3：角色体验见真情——《儿子们》的教学片段赏析

课堂场景描述：

老师：为什么明明有三个儿子，老爷爷却说只看见了一个？

学生：因为那两个儿子不帮妈妈干活。

老师：难道给妈妈唱歌、翻跟头带来快乐就不好吗？

（所有学生都陷入了沉思）

学生：因为妈妈现在太累了，需要帮助。

老师：你怎么知道的？

学生（读书）：一桶水可重啦……

（我请班里相对弱小的女孩，试着提水桶）

老师（采访）：这位妈妈，这桶水重不重？

学生：很重。

老师：现在你的胳膊都……

学生：痛了。

老师：腰也……

学生：酸了。

老师：快把你的感受读出来。

学生读出了语气。

老师：水这么重你还是要提着回家的，走吧！

老师（采访）：这位妈妈您现在需要歌声吗？

学生：不需要。

老师：需要儿子给你翻跟头带来快乐吗？

学生：不需要。

老师：那您需要什么？

学生：需要有人帮我提水。

教师没有一句提示，全班同学都举起了手，甚至急得站上了椅子！

在我强烈阻挠的情况下（担心孩子的安全问题），还是有一群孩子跑上前来抢着帮"妈妈"提水。

反思：

课程伊始，教师的追问使学生的情感受到第一次考验。价值观取向的问题，使孩子们陷入沉思，为之后的情感升华埋下了引子。

接下来在难点上（如何理解老爷爷的话）产生了分歧。怎样使学生理解课文中所包含的朴素而深刻的道理，从而自然而然地提高品德修养呢？我继续采用创设情境、在情境中亲身体验的方法来进行。让这位已经很劳累的"妈妈"继续提水，利用她话语中表现出的极大渴望，引起孩子们的强烈同情，并付诸行动。

整个过程中并没有生动的讲解，只是进行了适当的采访与追问。但我们可以看到学生的情感由最初的"迟疑"，到亲身体会读出情感，再到强烈"同情"付诸行动，情感层层升华、步步推进。最终，孩子们深深地感受到了"万事孝为先"！孩子们再来谈对老爷爷说的"我只看到了一个儿子"这句话的理解时，一位同学在黑板上写了一个大大的"孝"字！当我把它圈在一颗"心"内，我想孩子们会体会到"心存孝"有多重要！

◇课堂教学案例4：品味"共读"之歌

开学后，我们共读《人鸦》。有老师说这本书更适合五六年级的孩子读，对于三年级的孩子来说，理解起来可能会很困难。不过，新教育"榜样教师"飓风老师就是带着三年级的学生读这本书的，他们读得风生水起，演得惟妙惟肖，让我非常心动。心动不如行动！我决定和孩子一起读，我们要努力啃下这块"硬骨头"。周一第三节课，我们上共读课，主题为：顺着嘴巴的方向飞。首先，谈谈对这句话的理解。自远说："我理解的就是说到做到，行动要跟上。"钟辰接着发言："我们每个人不是都有目标吗？我觉得就是要向着自己的目标方向飞，要坚持，还要坚强。"昕冉起立补充："我同意他们俩的观点，但我还想到了《理想的翅膀》这篇课文，我认为嘴巴的方向就是理想的翅膀，要向着理想，展开翅膀飞翔，不断地努力。"听了他们的发言，大家不约而同地鼓掌，在讨论夏瑞德为什么要成为乌鸦时，二十多位同学发言，答案都很有道理，并且各不相同。当孩子们的智慧被开启的时候，他们的发言像歌声一样动听。集体讨论之后，再次进行自由阅读，一边读，一边品尝着朱婳带来的美国巧克力，许多同学舍不得一下子吃下，一小口一小口地咬，还有的用舌尖轻轻舔，这动作，这表情，特别惬意，这份惬意也是品味文字的感觉吧，因为此时的班级安静极了。

◇课堂教学案例5：聆听"点评"之歌

周二下午第二节课，每位同学登台演讲，四位导师逐一进行评价。小导师们坐在导师席，桌前放着导师牌，环境的创设也为活动增添了良好的气氛。选手按照抽签顺序进行演讲，讲完之后导师马上进行点评，四位导师的评价不能重复，这对于导师来说很具有挑战性呢！可是他们个个镇定自若，表达很流畅。下面以评价李江浩的演讲为例，是我结合录像中的声音进行整理的。

昕冉导师：你的演讲很好，比上次有进步，能清晰流畅地表达自己的观点，我给你的建议是语速再慢一些。我很想选你，可是我只有一个名额了，很遗憾。

紫珊导师：成功！篇幅不算短，面面俱到，运用了很多成语。老师说过，作文中的成语就是文章的珍珠，你的演讲中就有珍珠。的确很流畅，已经把我们带到了那个情境之中。

心怡导师：非常好！我同意赵紫珊的评价，篇幅不算短，内容具体，并且用词好，比如"缕缕青烟啊，碧蓝的天空啊……"等等。建议是不要僵硬地站在那儿，语速别太快，声音再大些。总之，你的演讲很流畅，如果你选我，我会好好教导你，让你成为更加优秀的演说家。

钟辰导师：非常好！因为你讲出了我们现在缺少什么，需要改变什么，想要变成什么样。你讲的是要清除雾霾，让雾霾在我们这个国家消失。你说得非常明白，有自己的理由，有做法，能讲这么流利，你有很大优势。我选你。

江浩犹豫了一下，最终选择了胡心怡。两个孩子合影留念，此时他们的内心是多么兴奋、多么激动啊！每一位同学演说之后，小讲师都会做出精彩的点评。为了让父母也能欣赏到孩子们当时精彩的演讲，我把存有录音的iPad作为奖励，让学生每人带回家一天，和家人一起欣赏。

◇课堂教学案例6：营造"智慧"之歌

最近我们在学习"智慧"单元，结合这个单元的教材特点，我在备课时进行了整合。《田忌赛马》《捞铁牛》《用冰取火》同时学习，学生先通读三篇课文，读准字音，扫清字词障碍，了解课文内容，并在老师的指导下，试着用简练的语言概括主要内容；接下来分析每篇文章的主人公智慧体现在哪里，他们为什么能拥有智慧。在写作手法上，体会运用动词的好处，学习按事情发展顺序表达的方法。通过这样的整合，三节课的教学目标两节课就能完成，提高了效率，节省了时间。我们把节省下来的时间用在"演说家"的活动上，锻炼了孩子们的表达能力，一举两得。只是，有少数学生回家没有预习课文，没能把课文很完整地读一读，由于对课文内容不够熟悉，所以课堂上跟不上大家的进度。年级越高，学生越需要自主学习能力，预习很重要，教师和家长应一起重视这件事。

孩子们一天天长大，如同一颗种子由萌芽而生枝叶，而看他们"开花"，看他们成熟，倾听他们成长的"歌声"，我感受到极大的快乐。

附　录：

案例1—3是来自北京市级骨干教师，中关村一小的于振华老师的教学记录和反思。我们可以发现，在她的教学过程中，有这样一些特点。

（1）首先，在她的课堂上，老师做的事情主要是提出问题和引领讨论，学生的回答和讨论占大多数时间。

这正符合小学生的思维和学习的特点：真正领会一个知识点，一个概念，形成一种思想，建立一种观点，小学生需要更多的动作体验，需要口头语言进行梳理和推敲。如今教室中的设备越来越先进，又有投影仪又有电脑，许多老师也精心制作PPT或动画导学案来吸引学生们的注意，但是任何高科技手段的展示，都不如提一桶水给学生的感受更直观。

（2）我们还看到，于老师的提问是呈递进关系的，是由表象到内涵一步步深入的。

"什么样的行为是偷？"这个问题提出来之后，每个学生脑海中都会出现某种形象，他们使劲地回忆和想象那种画面，努力地描述那种行为："摘个西瓜，踩坏了小西瓜……""打开个西瓜看看不满意，又打开一个……""吃块西瓜剩了很多红瓤就丢掉……""可恶的小刺猬每个西瓜上掏个洞……"当许多学生罗列出许多种不同行为的时候，自然而然会呈现出某种内在规律和意义，原来在"马虎""不珍惜""浪费""捣蛋"这些态度之下做出的行为是不好的，于是这些抽象的词汇具体化了。"给路过的人解渴""邮递员叔叔送信到这里吃个西瓜""村里邻居家来客人了吃个西瓜""一只生病的小动物（饿晕的小动物）吃个瓜"等"去帮助需要帮助的人"就不算偷。那么这里"偷"的含义，已经超越了它本身的字面意思和肤浅的动词表象，而是涉及行为背后的动机，激发了学生对道德和行为更加深入的思考。而这种思考的方式又被老师升华，引申到对于"有规矩和没规矩"的讨论中。我们可以看出，学生们可以根据具体的情境去分析，包括是否尊重他人和是否有正当的动机等。这说明学生的思路被打开了，对事物的判断来自自己主动的深入思考，而非简单肤浅、不假思索地接受。在这样的引导之下培养出来的学生，更具有独立的思考力和判断力，并且使具体的教学目标也得到了进一步深化。

（3）于老师的课堂还特别贴近学生的生活和情感。

画嘴的创意活动中，学生将注意力集中在了自己身体的重要部分——嘴上面，使他们从过去不曾尝试过的角度来审视自己的嘴都在做些什么，而其实就是引导学生进行自我认识。学生们从自己直接的生活体验"吃""说""挑起战争""引起不愉快""交流""表达爱心"等方面，发现和认识到自己能够做的、应该做的以及努力做的事情。所以说，这种自我认识会让学生对自己产生要求，自发地思考怎样控制和约束自己，成为更好的自己。

《儿子们》这一课中，起初学生的确注意到"只看见一个儿子"，是因为另外两个儿子"不帮妈妈干活"，但这种认识只是表面的，道理层面的。当学生真正自己去提水桶，老师进行"采访"，使她表达出自己体会到的感受和需要时，学生内心的情感才被激发出来。"妈妈需要的帮助不是歌声和翻跟斗带来的快乐，而是有人帮助她提水桶"，因为"太重了""腰酸了""胳膊痛了"。学生真正理解了"妈妈"的情感和需要，才会知道怎样去"爱妈妈"。爱不是空洞的和想当然的，而是实实在在的，将心比心，站在对方的角度看事情。

案例4—6是摘自北京市级骨干教师，首师大附小郭丽萍老师的课堂记录和反思。从中我们看到，郭老师自己对于学科本身是充满激情的。她引领学生去讨论对"顺着嘴巴的方向飞"这句话的理解，可以看出，只要给学生思考和引申的平台，他们就可以释放出很大的潜力。而培养学生阅读的情感，从字里行间寻找触及孩子心灵的东西，这也是启发教师进行语文教学探索的重要路径。郭老师还组织学生进行导师点评，激发出他们自主倾听、观察、思考和讨论的意识和能力。对于"智慧"学习，郭老师整合了三篇课文，一起进行阅读和学习，同样是激发学生们从中找到规律，进行自主思考。郭老师灵活运用教材和课堂，抓住学生们的情感和兴趣，用自己过硬的学科素养和激情引导学生一步步爱上语文，学好语文。

总结起来，两位教师有以下几个共同点：

（1）教师自身对于学科的热爱和激情。

（2）引导学生对于阅读材料进行思考和引申，激发出学生的巨大潜力。

（3）培养学生的阅读情感，触及学生的心灵。

（4）激发学生自主倾听、观察、思考、讨论的意识和能力。

（5）围绕教学主题和教学目标灵活地整合和运用教材，合理安排教学进度。

课堂不是教师的独角戏，需要与学生进行有效互动，既发挥出学生的主体性，又体现出教师的主导作用。因此，我们建议教师，首先要加强学科专业能力，对知识的理解要深入浅出，并且要了解小学不同年级学生的认知特点，设计有针对性的教学活动；还要了解小学生的生活环境、生活经历、生活背景，了解他们的所想、所惑、所需、所感。这样教师才能设计出有针对性的教学活动，才能做到有的放矢。

第四章

这样的学生是问题学生吗?

我们在学校的时候，经常有老师悄悄指着远处一个孩子，轻声地问："您帮我看看，这孩子是不是有问题？"也有老师细致地向我们描述某个学生让她头疼的表现，问这个孩子是不是不正常。

◇在老师眼中，学生的问题表现在哪些方面？

1. 调皮捣蛋，扰乱秩序

学校是集体教学、生活的地方，一个老师要带动几十个学生协同完成一个教学过程，实现一个教学目标，如果出现一两个学生扰乱了这种协同的过程，老师的工作就会进行得不顺利。比方说上课铃声刚落，大家在座位上安静下来，老师准备开始讲课了，如果忽然传来某个学生学乌鸦叫的声音，那么全班同学刚刚收起来的心思好像一下子又打散了，老师便不禁恼火起来。通常，这样的学生会被反复提醒甚至惩罚，或者被隔离去反思，但收效甚微，有时甚至愈演愈烈。于是老师和家长给这样的孩子贴上标签，认为他们缺乏自制力，需要更加严厉的管教。

2. 学习跟不上

学习习惯差，总是跟不上学习进度的学生也令老师头疼。他们好像听不到老师的讲解和指令，马马虎虎，丢三落四，忘东忘西，缺乏自我管理的能力，总是需要别人不断提醒，否则就拿不出作业本，或者给你一张让人想要扔进纸篓的考卷。老师在这样的学生身上往往要操很多心，耗去很多精力，但收效甚微。

3. 脾气不好，"玻璃心"

脆弱易怒、争强好胜的学生也难对付。面对这样的学生，老师说不得，管教不得，他们要么伤心欲绝，自暴自弃；要么动辄去家长那里告状，家长再向领导反映，把老师搞得很被动。在同学面前，他们想跟别人一起玩儿，又不知道怎样才能被接受，不会沟通，又受不得委屈，于是要么暴力相向，要么逃避退缩，弄得自己被孤立，没朋友。

然而，我们在前面提到过，学生因为年龄和前期教养方式的不同，再加上他们的大脑和神经系统还没有发育成熟，所以控制不好自己。他们的问题行为通常是能力的问题，而不是态度的问题。因此我们需要将眼前看到的杂乱无章的种种问题进行分类：判断哪些问题随着时间的推移会慢慢改善；哪些问题需要在教学和生活中通过调整方法进行改善；哪些问题亟待解决，否则路会越走越歪，将来不好收拾。也就是说，老师在学生的问题面前，先要明确自己应该持有的态度。态度对了，自然就有了具有针对性的方式方法。

◇ 将看到的问题重新分类

1. 随着时间的推移会慢慢改善的问题

首先，我们看一看哪些问题是随着时间的推移会慢慢改善的。在众多学生当中，会有一部分"起跑慢"的孩子，他们的视知觉、听知觉、知觉转换能力、数学准备能力、语言能力等方面相对比较落后，所以在完成具体的学习任务时，就显得比较吃力。可是问题的原因他们自己是说不清道不明的，如果得不到理解，再加上老师和家长给予的额外压力，他们的日子可就更不好过了。其中一些心理素质比较好的学生，能够抗得住自己这一段"人生低谷"，等过些年走出低谷，就会跟上大家的步伐，甚至还会超过其他人。但也有一些相对脆弱的学生，可能会顺着低谷一直滑下去，认为自己就是笨蛋，即使有能力也没有心劲儿努力了，这样的学生想要被唤醒，就比较难了。

所以对于这一类情况，老师要有等待和包容的态度，不羞辱，少催促，同时还要做好家长的工作。人生是一场马拉松，起跑慢并不意味着没有后劲赶超上来。老师还要有意强调，这样的学生虽然跟别人比有差距，但是更重要的是跟自己比，只要努力就有收获。如果学习不好，其他方面的长处也能够证明学生的价值。例如有一些孩子作文写不好，但是跑得特别快，他们在运动会上为班级争光，这时老师就要明确肯定他们的价值。

想要帮助这样的学生，老师可以按照前面提到的许多促进各种能力发展的游戏活动，对学生进行训练，也建议家长带着孩子进行练习。然而关键还是成人要端正态度，不要急功近利，先要建立相互信任的师生关系和亲子关系，关系好了，才会有好的回报，才能真正让学生受益。

2. 缺乏自我教育能力的问题

另一种情况是学生缺乏自我管理能力。也就是说，原本有能力做好的事情，因为平时做得太少，缺乏完整的计划和思考，并且没有用心，就不能善始善终。这背后其实反映的是学生缺少承担责任的意识，也就是缺乏自我教育能力。这是如今许多孩子身上的共有问题，跟家庭教育与不合理的社会观念有很大关系。

许多家庭养育着衣来伸手、饭来张口的孩子，而学校也常常只注重学生的学习成绩，只要学习好，其他事情都可以不做。

家里有父母、老人，甚至保姆，学校设施完善，配有保洁，孩子们真是无事可做啊。然而不做事情，就没有计划、思考和尝试的过程，不懂付出的艰辛，也就不懂珍惜，更不懂承担责任。

比方说小小的擦桌椅的工作，学生拿一块湿抹布擦，但是抹布蘸水太多，擦得桌椅湿湿的，一坐下来就把自己的衣服弄湿了，于是他通过自己的实践过程，发现抹布要拧干一些，这个任务才能完成得更好。承担后果本身对学生就具有重大的教育价值。学生需要经历事情发展的完整过程，看到错误和不当的后果，主动反思，才会想出办法做得更好。学生在其中学会的并不仅仅是擦桌子，而是如何充分利用自己的能力做好一件事情。没有这种训练，缺少自我教育能力，这才是学生身上真正的问题。这需要学校、老师、家长乃至全社会转变观念，认识到劳动的价值，给孩子劳动的机会，让他们通过自己的实践学会承担责任。有责任意识的学生，随着慢慢长大，就会有理想，有目标，有计划，有方法，学习的自我管理能力不差，成绩自然不会差。

3. 过分依赖外在评价，缺乏客观自我认识的问题

还有一个问题是大家都比较关心的——心理健康问题。许多老师的疑问也是针对孩子的一些具体表现，比方说在同学面前哗众取宠，扰乱课堂或集体活动的秩序；或者脆弱易怒，过于以自我为中心，难以和别人相处。其实，在一些"好学生"身上，"玻璃心"的问题也非常突出，这是因为家长和老师都只看到他们学习成绩好这一优点，他们只得到单一的评价，对自己的认识并不客观。因此，学生的心理健康问题，本质上是因为他们自我评价的能力比较差，过于依赖外在评价，缺乏客观的自我认识。

例如，故意违规和挑战权威的孩子，其实有着非常强的表现欲，表现是为了什么呢？是为了证明自己的存在。对于低年级的小学生来说，他们还不太明确自己应该通过什么样的表现来证明自己的存在，之前如果没有好的引导和约束，他们就会去尝试各种方法，还会误认为同学们的哄笑是对自己的肯定，教师的管教是对自己的关注，因而乐此不疲。而脆弱易怒、不合群的学生同样是太过依赖外在评价，之前只习惯接受积极评价的孩子，当在集体中没有受到重视，或者得到了自己不满意的反馈时，就会非常受

不了，但又不知道怎样排解心中的积郁。这样的学生想要了解自己，想要被集体和他人接受，但是没有找到好的渠道和方法。因此我们建议教师，当不希望孩子做出不好的表现的时候，要让他体会到怎样表现是好的，而且让他真正尝到甜头。比方说让爱表现的孩子表演课本剧，为大家说相声，排话剧。让敏感又缺乏社交技巧的孩子多参加劳动，引导他从自己的劳动成果中感受到自己的价值。比方说，有些不善于交往的孩子，都不知道同学们叫什么名字，如果教师让他承担起发作业本的工作，为了完成任务，他开始叫出同学的名字，并且敢于和同学说话了。教师还可以安排积极活跃、交际能力强的孩子带着不善交往的孩子一起玩儿，一起完成任务，效果也比较好。班集体要有多种合作型的集体活动，让学生在实践中学会协商。我们要引导学生进行自我反省，看到自己的长处和弱项，看到自己给他人带来的不便，也看到自己能够为他人做出的贡献。一个人只有比较客观地认识自己，才会比较和谐地与他人相处，因为他更明白自己的需要和他人的需要。

有一个一年级的男孩子，长得比同班同学高半头，粗粗壮壮的。这孩子其实很热情，喜欢交朋友，但是爱生气，总是非常容易和别人打起来。原来，他的母亲比较娇惯纵容他，而父亲少言寡语，身上有刺青，给人一种一言不合就动手的感觉。他的班主任发现了这个孩子内心的热情，尤其在班级打扫卫生的时候，因为他力气比别人大，所以会提着大拖把去水房洗，再回来拖地，这是其他学生做起来比较吃力的事情。班主任抓住这个细节肯定他，鼓励他，说他的大力气对于班级的卫生来说有多么重要。于是大家总能看见这孩子满头大汗地提着拖把在走廊里跑，他喜欢劳动，也受到了同学的欢迎，后来脾气就好了很多。

4. 正确理解和处理"品德修养"问题

我们老师应十分关注学生的道德问题，因为教育应该解决的最重要的问题，就是品德修养的问题。小学生的是非观念有非常大的可塑性，所以外界的影响显得很重要。但是从前面提到的几点来看，小学生的许多"坏"表现，背后的动机主要不是道德的问题，而更多是能力的问题、情绪情感的问题和行为习惯的问题。

因此，我们建议老师在规范学生行为的时候要一码归一码，即理解学生的能力不足，共情学生的情绪困扰，也要明确学生的行为规范，并且要让他明白做错事情的后果。例如，张三喜欢李四的铅笔，就偷偷拿去用了，李四发现后就打了张三。老师在这里要告诉张三：你喜欢那支笔的心情可以理解，但那是别人的东西，不经允许不能拿。你必须控制自己，控制住了就是你的胜利。老师要告诉李四的是：你的笔被拿走了，你很生气是可以理解的。但是打人是不对的，你必须控制自己，控制住了就是你的胜利。而对于这两个学生来说，要告诉他们：如果你们互相说出自己的需要，让对方明白，并且做好协商，就不用偷，也不用打；你们会成为好朋友，互相帮助，一起做一个人无法做到的、更令人开心的事情。

我们老师还需要弄清楚这样一个逻辑，即让学生明白，他们做错事的后果是事情本身出现的后果，而不是老师的惩罚。否则，学生的逻辑会混乱，反而影响他正确总结经验教训和修正自己。比方说学生没有按时完成作业的后果是第二天失去课间玩耍的机会，补写作业，而不是被老师训斥羞辱，再请家长训斥，并且再罚抄写两页生字。

其实，学生在进入少年期之后逐渐出现的道德问题，包括校园凌霸、虐待弱者、冷酷无情等现象，往往是因为他们受到了老师或者家长等成年人的影响。这些成年人不知道该怎样去爱这些孩子，也没有让他们真正学会怎样去爱。这一点我们老师要反思。

5. 来自问题家庭的问题孩子

如今许多学生来自离异家庭、留守家庭、隔代养育的家庭，孩子情感有缺失，进而产生很多问题，老师们看在眼里，急在心里。

曾经有一位老师讲述过这样一个故事：她的一个学生原本学习生活都

还正常，但父母离婚后，他的父亲为了表达对他母亲的不满，不让母亲与孩子见面。在父母之间的纠葛中，孩子变得越来越恍惚，开始不听课，不写作业，期中考试时，成绩也一下子下降很多。对于这样的孩子，我们老师需要做的是：先不要忙着抓这个学生的学习成绩，也不必表现出太多的同情怜悯；而是让这个学生在学校和伙伴尽情地玩耍交流，在活动中让他承担重要角色，让他感觉到自己被同学、老师和集体需要。

为什么要这样做呢？在一个家庭中，父母或长辈之间的情感纠缠，对于孩子最大的伤害其实就是降低了孩子的自我价值感。父母或长辈虽然表面上在抢孩子，其实本质是在争抢自己的权利，而孩子虽然在这个过程中得到了表面的宠爱，内心感受到的却是自己并不重要。当一个人觉得自己不重要时，就会对自己放弃要求，而对于一个学生来说，就会很容易放弃对自己学习上的要求。在这种情况下，老师的外在要求"治标不治本"，而帮助孩子重拾自己的内在价值感，才是抓住了关键。

学生父母或长辈的家务事，老师是管不着的。但是在班集体中，老师可以营造有吸引力的环境，让学生能够找到归属感，让他觉得每天有同学等着他一起分享笑话和游戏，老师等着他来帮忙拿教具，早自习需要他来领读，新排的话剧里的男二号非他莫属等等。学生在班集体中找到了自己的价值感，这种内在的力量就可以帮助他走出父母或长辈之间的争斗给他带来的情感低谷。所以从这个意义上来讲，老师为学生做的其实是一件非常有价值的事情，对学生的一生影响深远。

世界上不存在没有问题的学生，也不存在没有问题的老师。重要的是，我们都是在问题中长大成熟的，问题给我们带来思考和磨炼，是老师和学生共同成长的资源。

第五章

怎样帮助小学生养成好习惯?

我们每个人都有各种不同的习惯,有好习惯,有坏习惯,也有不好也不坏的习惯。习惯都是通过一段时间养成的,有的习惯比较容易改变,有的很难改变。比方说,有人习惯每顿饭都要大鱼大肉,素菜吃得没味道,结果得了"三高"症,于是不得不"忍痛割爱",被迫改变生活方式,养成"管住嘴,迈开腿"的习惯。

由此可以看出,习惯是会造成某种后果的,也许是好的后果,也许是坏的后果。因此,当我们想要帮助小学生养成好习惯的时候,其实应着眼于这种好习惯给他们带来的好的结果,这种结果,就是习惯培养的目标。

◇给小学生一个可以理解的理由和目标

我们是成年人,比起小学生更加高瞻远瞩,所以在为他们制定规则、要求他们养成好习惯的时候,我们自己能够理解这些好习惯带来的长远益处,但是小学生们往往不是很理解。比方说,让小学生养成记作业的习惯,为的是回到家以后可以查看,不容易遗漏。而长远的目标是,等到将来学业和工作任务繁多的时候,做记录的习惯可以帮助他们做事更加井井有条,效率更高。然而小学生是想不到这么长远的,尤其是刚入学、不太会写字的时候,记作业对他们来说有一定的困难,如果他们想要逃避这些困难,就会产生抵触的想法:为什么要我做这个? 做这个有什么用?

于是聪明的老师想出办法，用画图的方式帮助学生记作业。需要听的画个耳朵，需要说的画个嘴巴，需要做的画上手，于是学生们也发挥自己的创造力，自己创编图画代表自己要做的事情，兴致勃勃地记在本子上。兴趣和热情，成了他们做这件事可以理解的理由。

然而由于通讯技术越来越发达，老师每天都会把孩子要做的事情逐一发给家长，请家长来监督，这常常使孩子失去了这个承担责任的机会。总有人提醒，就不需要自己记了。所以我们建议老师和家长"背后串通"，让家长假装不知道老师留了哪些作业，故意让孩子发现忘记记作业原来是那样不方便，给孩子一点点心焦的体验，让他们不得不鼓起勇气打电话问老师或者同学，然后自然而然地意识到，还是自己记好了作业更棒。经过一些时日，孩子为了实现不遗漏作业这个小目标，好习惯就会养成了。

◇明确养成一个好习惯的目标到底是谁的

老师每天辛辛苦苦地提醒学生坚持某一个好习惯，但是常常"吃力不讨好"，因为学生总是认为这是老师给他们找事儿，不是自己的事儿。所以老师要想办法使学生们理解和体会到，养成一个好习惯，是为了实现自己的目标。然而每个孩子都是不同的个体，因此他们对自己的要求和制定的目标也会有所不同。此外，当我们帮助小学生设立了一个目标的时候，还要考量他是否能够理解和接受，并且要给他一定的权利和自由，让他可以对这个目标以及实现目标的步骤和方案进行调整。

例如写作业的习惯是学生最平常却是最重要的习惯之一。通常，老师都会要求新入学的孩子养成放学之后立即写作业，先写完再玩儿。不过实际情况是，能这样做的小学生并不多；往往是经过家长督促，在十分不愉快的气氛下做到这一点。因而许多孩子即使上了初高中，如果没有家长的监督，依然做不到先写完作业再玩儿，也就是说，这种好习惯并没有真正养成。那么如何帮助孩子养成自我管理的习惯呢？下面的案例可以给您带来一些启发。

我的儿子上小学之后，在写作业的问题上曾经经历了一番习惯养成的过程。刚上一年级的时候，他很愿意写作业，也非常希望能够写好。然而他还太容易被其他好玩儿的事情转移注意力，所以作业记不全、忘了写是经常发生的事。这样说来，老师要求孩子放学后先写作业是有道理的，儿子也愿意接受，于是他自己要求放学先不回家，在教室里写作业。不过，放学后的教室里，先是孩子们跑来跳去地玩儿，等孩子们被陆陆续续接走后，老师也该下班锁门了。儿子毕竟按捺不住，想和伙伴们多玩儿一阵，于是就总是感到有些纠结。就这样过了一些日子，他和我商量，想先玩儿，后写作业。我同意试一试。但是，经常因为玩得太晚，等写作业的时候，他就困了，写起来心情就不那么好。我不为他做时间上的安排，只提醒他老师对作业的要求，提醒他查看记作业本上记录的内容是不是在第二天上学之前都完成了。我不检查他的答案是不是对，但如果字迹潦草、乱涂乱画，我会提醒他这样的作业老师根本看不清楚。他很明确老师对作业的要求，也努力做好，但对于时间的安排，还没有找到最佳方案。就这样，一个学期过去了。

第二个学期，他写作业的新鲜劲儿有些降温，他曾经对我说："妈妈，我不想写作业啊！"我深表同情地说："要不然，你替我洗碗，我替你写作业？"他严肃地想了片刻，回答道："还是我自己写吧，我怕你写错了。"

也曾经有几次，他因为太困了，没有写完作业，第二天早晨起床急忙赶着写。但是有时候他没有估算好作业量，到了上学的时间还没有写完，就急哭了，要我送他进学校。我问他是不是因为害怕老师批评，他说不是，他只是不想写不完作业去上学。原来作业可以第二天再补，不过，第二天在课间补作业，就没法和同学玩儿了，这对于他来说是很大的遗憾，他为了避免这种后果，在努力想办法。

又过去了大半个学期，儿子郑重其事地跟我商量，问我可不可以晚上不写作业，一直玩儿到睡觉，第二天早上起床写作业。我觉得也未尝不可。他是个早睡早起的孩子，而且闹钟早已经玩熟了，自己定时起床写作业，完全可以试一试。于是，每个晚上，他都和小伙伴尽情玩乐，满头大汗地跑回家，洗一洗，跟我们聊聊天，就开开心心地睡觉了。第二天一大早，等我起床时，他有时候还在写作业；有时候已经写完，自己在弄早点吃；有时候太早做完了，一个人在玩玩具，脸上还挂着早餐的点心渣儿。这个过程中，他需要自己调整闹钟，提前估算作业量来定起床时间。

经过一年磕磕绊绊地调整尝试，早起写作业的习惯越来越稳定了。他自己感觉很好，他表示，早上写作业效率更高，因为晚上经常有小伙伴玩，或者又想和一天没见的爸爸妈妈多凑凑热闹，所以不容易静心。我也发现的确如此，就十分赞同。他的这个习惯延续了整个小学阶段，虽然作业量在增加，但是都可以掌控，他在学习和自我管理的其他方面也都受益良多。

从这个案例中，我们发现一个小学生形成适合自己的好习惯的过程，是十分周折和复杂的。从先写后玩儿，先玩儿后写，到晚上写不完第二天补，最后找到最适合自己生活节律的方式——早上起床写作业，这个孩子其实不断在调整自己的方法，进行体会和验证。而最重要的是，老师和家长给了学生这个自由和权利，给了他时间，让他充分发挥出了自主性，明确了自己的目标。而习惯，不是别人强加给他的，是他自己摸索形成的，这才是属于他自己的好习惯，才真正体现出了习惯对于学生成长的意义。

◇帮助小学生形成好习惯，方法要具体可操作

老师帮助小学生的前提，是要细心观察他们真正遇到的困难和障碍，这样才能有的放矢。孩子们毕竟还小，有目标，却缺少方法，更谈不上达成目标需要的好习惯。于是老师给予学生的方法要具体和易于操作，这样

才更容易使学生养成好习惯，并且让他们体验到成效。以下是北京市宣武师范第一附属小学自我教育课题组在中高年级进行的学习习惯培养的实验案例。

良好的学习习惯包括很多内容，在这里主要说一说我们是如何培养学生的审题习惯的。首先，与同学们一起总结不同题型的审题方式，引导学生采用留有痕迹的方式进行审题。做到解题前认真审题，在题目中圈出重点词句，将审题的过程和审题中发现的重点内容用圈、点的形式外化出来；解题后，当出现错题时，要分析错题原因，并将错题原因用红框子框起来，用以提醒自己吸取教训，避免再次出现类似的错误。如果同样的错误反复出现，就要进行自我对话，自己制定相应的措施。

经过一段时间的训练，孩子们呈现出较强的审题能力，他们用画图、标注的方式留下审题的痕迹，在圈圈点点的过程中，进行着自我教育，提示自己关注题目要求。随着审题能力的提高，孩子们的学业水平也有很大提高，在五年级第二学期全区统一检测时，我校的数学成绩名列前茅，受邀在全区做经验介绍。这一成绩的取得也得益于自我教育课题研究的成果。

我们看到，老师发现学生在审题的过程中缺少目的性，读是读下来了，但是没有抓住对于解题具有重要作用的信息。画圈、画点儿是件容易操作的事情，用这种方法标出重点词句，对学生来说比较适用。相应地，学生自己用红框子标出错题原因分析，提醒自己吸取教训等，都是以少出错为目标，让孩子自己去完成的具体的方法。所以学生接受和形成习惯的过程就比较顺利，成效显著。

习惯不是没来由、无目的的行为，而是为了实现某个目标所采取的行动措施。对于年纪尚小的小学生来说，让他们理解和接受养成某个习惯的理由和方法，是个大学问。我们建议教师要注意到学生个体的不同和他们自主性的发挥，在引导他们实现目标的前提下，给他们适度的权利和自由，以形成真正适合他们自己的、属于他们自己的好习惯。教师在给予学生方法上的支持时，要细心把握他们真正的需要，用具体可操作的方法来帮助他们形成好习惯，使他们在操作过程中客观积极地认识和评价自己，感受到好习惯对于实现目标的重要意义。

第六章

怎样才是用对了"表扬"和"批评"？

为了帮助学生养成好习惯，促进他们不断发展和进步；为了让学生明白怎样是对的，怎样是错的，教师在工作中要无数次对学生进行表扬和批评。然而，表扬与批评这貌似平常的事情，却有着很大的学问。

◇任何评价的前提都是尊重

教师需要注意到不同的小学生具有不一样的心理状态，因此评价时需要充分关注到学生的自尊，方法要巧妙而谨慎。

评价不能守株待兔

评价不能守株待兔，不能只对最后的结果评价，而是要创造机会评价。我们要有"预谋"地先帮助孩子上路，然后再评价激励。做好评价的前期准备工作，把握最佳时机引导学生，抓住关键的地方进行评价。

刚接这个班时，我从不同渠道不同方面去了解每一个孩子。为了激励他们进步，我对他们不断地进行激励性评价。可是小星这个小男孩语言表达能力差，时常连一句完整话都没有，我可怎么激励呀？再说孩子原本就口吃，我总不能在同学面前揭他的"短儿"，然后来表扬他吧！这样孩子会更痛苦的。也许他自己和同学们没有觉察出这个毛病呀！不行！我也要装傻，假装不知道他的缺点，暗地里想办法帮助他。为了帮他这个忙，每次叫他回答问题，我都要暗示他边比画边说，这样就能减轻他的紧张感，语言就能流畅一些。几次之后，他习惯于回答问题用手势辅助了，变得更爱说话了。当他达到了我心中为他树立的目标时，我毫不吝啬地对他进行评价，以提高他的威信。一次回答问题后，我立刻评价道："孩子们，你们瞧他在表达时能利用手势把见解说得这么清楚，了不起呀！"我这样不仅鼓励了他，也暗示其他学生，当语言描述不清时可以用手势来辅助。从那以后，他更乐于在大家面前表达自己的观点，时不时地用手势辅助，有时特别清晰流畅。我为之欣慰！其实一位教师让学生在不知不觉中进步、成长才是最伟大的。从这件事中我更深刻地认识到，评价不是对结果的总结，也不单纯是激励导向的套话，而是孩子们成长中的保护伞。这把伞要时刻备着，不能下雨了才找。总之，评价不能守株待兔。

其实，看出学生在某方面有差距，这是很容易的事情。但是怎样评价他、帮助他，就要因人而异了。我们知道，同样指出一个问题，不同的孩子可能会有不同的反应。有的孩子会欣然接受，努力改变；有的孩子可能会觉得自卑，胆怯，压力大，退缩大于改进。因此我们在评价学生的时候需要特别谨慎。于老师在这个案例中就考虑到了这个问题，于是她选择了"装傻"。也就是说，教师并没有指出孩子身上的问题，而是悄悄地帮助他，教他一种具体可操作的技巧来提高自己的语言能力，当他掌握了这一技巧，评价才开始。这时候于老师大胆而具体地表扬了他对于这一技巧的成功使用，使他肯定了自己的努力和能力，于是学生对自己信心满满，更能够自主地提高自己的语言能力了。

郭丽萍老师曾经的班上有一个叫李铮的学生。他的妈妈说，孩子小时候铅中毒，吃了很多药，影响了智力。学习《杨树之歌》一课时，其中有这样一段：我们的名字叫大叶杨，成天喜欢哗啦啦地歌唱……唱给白发的老奶奶，陪她在树下聊家常。郭老师把读这一段的机会给了李铮，他着实费了不少劲，读得断断续续，磕磕巴巴，最后一句读得最熟练，但是还错了一个字，他读成了"陪她在树上聊家常"。同学们哄堂大笑，老师也忍俊不禁，他涨红了脸，把头埋得更低了。这时候，郭老师对同学们说："我们应该感谢李铮，是他不经意地朗读使大家开怀一笑，活跃了气氛。课堂中的错误是美丽的，没关系，让我们用掌声鼓励铮铮再读一次。"当然，第二次他进步许多。看到他很体面地坐下，而且坐得如此端正，郭老师暗自得意，没想到自己这样的处理能有这么好的效果。它能使孩子把头抬起来，这对于一个人的成长不是很重要吗？

每个老师，都会遇到学习困难的学生，然而"课堂中的错误是美丽的"，这对于学生来说是多么温暖而有力的尊重、包容和支持啊！

◇评价的终极目标是激发学生进步的内在动机

教师要明确一个非常关键的问题，任何表扬和批评都是外在的，目的是为了激发学生进步的内在动机，也就是让学生参考但不依赖外在评价，来进行自我调节，成为更好的自己。

自主选择鼓励的方式——在"满足"中成长

美国心理学家詹姆斯曾经说过："人性中最深切的禀质乃是被人赏识的渴望。"因此，适度的表扬和鼓励，能让学生品尝到成功的喜悦。现在大多数教师鼓励孩子，都是说："你真棒！你真能干！你真聪明！同学们快给他鼓鼓掌……"可是，时间久了，这些单调的方式逐渐变得死板，根本就激不起学生的兴趣，更失去了激励作用，孩子们会认为表扬还不是老师说了算。

到底怎样才能发挥激励的作用呢？我在教学实践中逐渐摸索出一种新的方式：让学生自主选择鼓励的方式。这样，不但能让学生体验到成功，而且能满足不同学生的需要。被人欣赏是一种幸福，自己选择的鼓励方式能够实现他们的渴望，使他们在被欣赏的高峰体验中奋发向上。

在我的课堂教学中，同学们在选择鼓励方式时，有的说要颗星星，有的想要一朵小花，有的说要点儿掌声，还有的说想和老师握握手……更让人意想不到的是，一天课上，在雨梵精彩的回答之后，我试探着说："你的回答很精彩，你想让老师和同学用什么方式祝贺你？"她竟然毫不犹豫地说："老师，我想让你抱抱我。"我顿时一惊，噢！她的确很需要爱，因为她是单亲孩子呀——她一直跟随爷爷奶奶，自己的成功很少得到妈妈的认可。对于她，真的没有比"抱抱"更重要、更渴望的东西了。于是，我紧紧地抱住了她。自那天起，"每日抱抱"成为我们之间无声的"心语"。

采用了这种鼓励方式之后，孩子们在课堂上更加主动表现自己、提出要求了。他们不断地用自己喜欢的方式来祝贺自己、体验成功，从而在学习中更加积极主动地探索创新。师生间的亲密度大大增加，民主、平等、和谐的教学气氛使课堂教学又迈上了一个新的台阶。

对于小孩子来说，成年人的外在评价对于他们的自我评价会产生很大的影响。老师对于学生来说是非常重要的人，所以老师的评价会大大影响学生的自我评价。为了学生的发展和进步，老师的评价要有利于激发学生的内在动机，也就是说让学生能够对自己产生积极的自我评价，自己激励自己，向着目标前进。在于老师的这个案例中，让学生自主选择鼓励的方式，看似简单，却暗含深意。于老师的设计是从每个学生个体的需要出发，当每个人都在选择鼓励方式上拥有自主性时，他们对自己的要求就会被激发出来，他们的愿望得到了尊重，就愿意为了自己心中的那个目标更加努力。

◇学习成绩不是唯一的评价标准

虽然在学校里学生的主要任务是学习，但学校生活还有游戏、体育、艺术、社交、情感、劳动等丰富的内容，仅仅用学习成绩来评价一个学生，不论是成绩好的还是成绩差的，对于这个学生来说都不够客观和全面，对于他形成自我认识和评价也非常不利。因此我们建议老师设计多种"奖项"

或"头衔"，并且细心捕捉每个孩子身上的闪光之处，使他们的学习生涯充满尊严感。所以，学习成绩不是唯一的评价标准，在学校里，老师要给予学生全面的评价。

每学期末举行庆典，隆重为生命颁奖

每个学期的结业庆典，是所有节日之中最为隆重的。我们班级利用学校的童话剧场，至少用半天时间来举行结业庆典，其中第二部分是"为每个生命颁奖"。

关于这个环节，还有个小故事，有关"胖胖鳄鱼"奖。

在亮亮的书桌上方正中间位置，端端正正地贴着一张奖状，上面写着：

小兔子考试不及格，它不敢回家，害怕暴脾气爸爸用鞋底子打屁股，就悄悄躲在一只箩筐里默默流眼泪。胖胖鳄鱼知道了，去给兔爸爸讲了一箩筐大道理，兔爸爸终于理解并原谅了兔儿子，把它抱回家。亮亮同学在日常生活中最会关心人，最能理解宽容人，因此荣获"胖胖鳄鱼"奖。

"啊，竟然有这样的奖状？"看到的人都不约而同地睁大好奇的眼睛。亮亮却微微一笑，说班里同学每个人都有，谁和谁都不一样，"最可爱的土拨鼠""最美狮王""美丽的小银鱼"等多着呢！听亮亮一解释，亲戚朋友更加好奇，到底怎么回事呢？

我们班每学期都开展共读活动。这学期，我们阅读了《笨狼的故事》《青蛙和蟾蜍》《稻草人》《彩乌鸦》等书，每月共读一本书。我们并不满足于只了解故事内容，而是通过集中的共读研讨课，走近文中的主人公，把童话中的人物形象和孩子们的突出优点联系起来，搭建起童话中的人物和孩子之间的心桥。这样的桥越多，越美好，孩子们阅读的效果就越好。"胖胖鳄鱼"等奖项就是这么来的。

阅读中，每次出现胖胖鳄鱼，就让人情不自禁地想到亮亮，亮亮也是胖胖的，特别爱帮助人，并且很有办法。有一次，豆豆依旧不写作业，手里不停地玩铅笔、橡皮、尺子，都玩够了，把这些东西往桌上一放，开始撕纸。

一会儿工夫，纸片漫天飞舞，很多废纸片落在她后桌亮亮的头上、桌子上。看到亮亮满头是纸的滑稽样子，豆豆特别开心，冲他做鬼脸儿。亮亮很生气，气得满脸通红，可仍然压住火气继续写作业。豆豆呢，变本加厉，竟然拿起水杯把一杯水泼到亮亮桌子上。水花溅得亮亮满身都是，还顺着桌子流到亮亮腿上，亮亮气得直跺脚，豆豆却不以为意。我被同学们叫来后，把亮亮揽在怀里，安慰亮亮别生气，相信豆豆随着年龄的增长会好起来的。亮亮本想微笑着回应我，但笑不出来，冲我点点头，表示理解。放学的时候，亮亮悄悄对我说："您不用告诉她爸爸，我知道她特殊，能原谅她。"他声音不大却让我震撼了，我冲着裤子湿湿的亮亮坚定地点点头。有一天在阅读活动中，读到了"胖胖鳄鱼"这一章，我一下就想到了亮亮。对，就是宽容大度、乐于助人的亮亮。于是，学期末亮亮就荣获"胖胖鳄鱼"奖。

亮亮得到这个奖状非常开心，有同学直接叫他"胖胖""鳄鱼"或"胖鳄鱼"时，他都是乐呵呵的，他知道，那是大家对他的爱称。同学们也很喜欢这样别具一格的奖状，获得"最可爱的土拨鼠"奖的李泽不仅懂得了爱护教室、保护环境，还成为班级劳动小模范；最爱欺负人的雨晨获得"最美狮王"奖后，再也不欺负小同学了；获得"美丽的小银鱼"奖的杨晔书写特别认真，老师还夸她写得像印刷体呢。

就这样，首师附小向日葵班期末庆典的时候，一张张奖状变得神奇起来，颁奖的时候，孩子们兴奋不已。因为这不是普通的奖状，而是首师附小的班主任结合每个孩子独特的生命特质制作的奖状，非常用心，非常精心，是在为生命颁奖。

附：2015年1月我为向日葵班每个孩子写的颁奖词（摘录）

紫珊同学在课堂上非常爱思考，回答问题有条有理，用词精当。有些时候，紫珊的观点和认识甚至超出老师的预想，让老师赞叹不已。赵紫珊同学荣获"青出于蓝"奖。

刘备把自己比作鱼，把孔明比作水。刘备有了孔明，就好像鱼儿有了水一样。郭老师把自己比作鱼，把王浚伊比作水。郭老师有了王浚伊，班级的许多事情都得到了很好的解决，浚伊是老师的得力助手和军师。王浚伊同学荣获"如鱼得水"奖。

班里有一位同学常常手捧一本书在聚精会神地读。因为长期坚持阅读，他的知识越来越丰富，他写出的作文和日记越来越出色，他在课间变得安静了，课堂上越来越有智慧了。他懂得了多读好书的益处，并一直在津津有味地读着，他就是和法忻。法忻荣获"开卷有益"奖。

周穆王到西部去巡视，途中遇到一位技艺高超的工匠，名叫偃师。偃师制造出能歌善舞的假人为君王表演，假人表演的动作和姿态千变万化，穆王赞不绝口。丁自远同学能表演、善唱歌、会拉小提琴，多才多艺，荣获"千变万化"奖。

且不说他是绘画高手、写作能手，他还是名副其实的小绅士。小绅士钟辰，人见人爱，花见花开。他和同学相处友爱谦让，一向乐于助人，见到老师和客人非常有礼貌。钟辰同学荣获"彬彬有礼"奖。

当班级工作和个人的事情发生冲突的时候，他选择首先完成班级工作。这是一种非常了不起的大局意识，我们都赞赏他的大局意识，潘瑞章同学荣获"顾全大局"奖。

每天清晨，有一位同学早早就来到教室带领大家诵读。在他的带动下，我们诵读了《弟子规》《三字经》《千字文》《百家姓》《笠翁对韵》，这位同学就是苏晨辉，他从小就懂得珍惜时间，是个奋发有为的好少年。苏晨辉同学荣获"闻鸡起舞"奖。

博修的理想是成为科学家。为了实现理想，博修努力学习，热爱阅读和思考，课余时间做了大量的小实验。博修身上有着科学家的气质。我们十分赞赏有理想并为之付出努力的好孩子！刘博修同学荣获"有志者事竟成"奖。

这位男同学上课听讲特别专心，倾听老师讲课，倾听同学发言，倾听小组同学的建议和意见。倾听是一种非常好的习惯，崔兰一铭同学荣获"聚精会神"奖。

◇评价中所传递的价值观

1. 夸努力，不夸结果

通常我们比较习惯在看到结果之后，才开始进行评价。比方说考试结束了，成绩出来了，我们会夸奖得高分的孩子。赛跑结束了，我们又去表扬跑在前面的孩子。的确，好成绩令人鼓舞，但是老师更要注意到学生努力的过程，要着重强调他们的努力带来的进步和收获。也就是说，我们老师的价值观中，应该认为学生的努力和拼搏精神比成绩更加重要。学生现在还小，还有很长的路要走，眼下的阶段性成绩，远远不能代表他们一生的成就如何。老师不仅仅要培养学生的知识、技能、技巧，更重要的还有学习品质，不屈不挠的探索精神和积极进取、勇于承担的精神。

因此，老师要关注并鼓励的是通过努力，成绩有进步的孩子，即使仅仅是及格了。在运动场上，那些即使跑最后一名，也勇敢坚持下来的孩子，我们也要为他喝彩，给他拥抱。这样才能帮助学生建立真正的自信心，而不是追逐攀比的虚荣心。自信心是一个人能够对自己做出比较客观准确的认识和评价的前提，认为自己有能力，或者通过努力就有能力达到某个目标。我们的目标通常是"更好"，所以就会通过某种参照来进行比较，因此"比别人强"常常被误解为我们努力的真正目标。然而事实并非如此，如果你真的仅仅以"比别人强"为目标，那么达成目标时，你感受到的往往是虚荣心得到满足，并非增强了自信心。

若是过于追逐攀比，过于在意外在评价，自尊心就会扭曲为虚荣心。

虚荣心往往激发出人性中丑恶的东西，人会为了虚名而不懂装懂、夸夸其谈、弄虚作假，甚至为了掩饰缺陷，将错误归咎于别人，而越过应有的尺度和界限。

培养学生的自信心，是引导学生将"比别人强"作为自己进步和达成目标的手段，并非最终目标。也就是说，"和别人比"，只是测量自己行动效果的一把尺子，通过"测量"的结果，来进一步调整自己的行动计划和方案。

这也是我们为什么不提倡用物质来奖励孩子，不提倡过多并且过于抽象地从外界激励或惩罚孩子的原因。一个人是否有足够的自信心，是否有无法控制的虚荣心，与教育有很大的关系。也就是说，关乎你给孩子强化的是以"比别人强"为目标，还是以"和别人比"为手段。

比较无处不在。同样是班上排名次，给每个学生所带来的强化的程度就有所不同。总是排在前几名的学生，除了对自己很满意之外，常常会担心考不好，掉了名次，就会让人失望。总是排在后几名的学生，也会被强化，自己再努力可能都没有希望了。而中间的这些学生受到的强化程度比较轻，因为较少被赋予太多期望（不是学霸），也总觉得自己不是那么差，努努力还是可以进步的。有数据表明，在成年后为社会做出比较大贡献的人当中，多数是曾经的"中不溜"的孩子。

竞争本无好坏，在于你怎样解读和利用它。有老师用给低年级学生讲故事、让学生给老师当助教、学生自己选择座位等方式奖励学生，起到了很好的引导作用，不仅使学生专注努力做事本身的过程上，也从价值观的角度影响着学生——真正的幸福是做一个对他人和社会有用的人。

2. 否定坏行为，但要表扬勇于承担责任

学生都不想挨批评，但是总是避免不了犯错。犯错的后果是什么？比方说踢球打碎了学校走廊上的画，那么后果是赔偿这幅画。学生也许会乖乖承认错误，然后用自己的零花钱赔偿。也许有的学生因为害怕，不承认是自己的错，甚至撒谎把责任推到别人身上。面对学生们的不同反应，老师应该怎样拿捏批评和处理的尺度和方式呢？

这里又涉及老师的价值观问题了，如果老师意识到犯错对于孩子成长的价值，态度就会有很大的不同。首先要向学生明确行为本身错在哪里，后果是什么，例如走廊里是不可以踢球的，打碎墙上的画就是后果；没有正确对待这件事情，是要被批评的。然而如果学生坦白承认自己的错误，积极赔偿，勇于承担，老师对这一点反而要肯定，因为这是一个人具备的好品质。孩子并非喜欢犯错，如果他敢于承担，将来他会心胸坦荡，具备积极思考和解决问题的能力。

对于非常害怕乃至撒谎的学生，其实需要得到宽容，但是撒谎本身又是一个错误，需要否定和批评。如果孩子是害怕家长过于严厉的惩罚，那么老师可以帮助学生与家长沟通，商量解决方案，而不是简单地把学生交给家长。撒谎和推卸责任其实是因为孩子缺乏自信，害怕压力而做出的心理防御，越是打压，防御得越厉害，所以惩罚的效果往往并不好。建议老师与家长沟通合作，变简单粗暴的惩罚为积极、有建设性的弥补损失的方法来支持孩子。当孩子感到安全，建立信心后，才会勇敢面对犯错的后果。

◇ 评价要具体化

我们还发现，夸奖和批评都要具体化，不能宽泛为"真棒""真好""真差劲"，这样孩子们并不清楚自己差在哪里，好在哪里，该怎样修正，该怎样努力。所以我们要清楚仔细地告诉孩子，他写的字是哪一笔好看，他具体怎样帮助了同学是值得表扬的，他犯错是在哪一个环节上，等等。学生的进步需要具体的支持，这支持正是来自我们老师细心的发现和引导，老师自己也要对学生的进步过程有更具逻辑性的、清晰的认识。

第七章

引导学生爱上并坚持阅读与写作

阅读与写作能力是这个时代的人需要具备的基本能力。小学阶段是孩子真正有能力接受阅读与写作训练的阶段。虽然我们将读写聚焦在语文课上，但是读写能力不仅仅体现在学生的语文成绩上，还体现在影响和促进学生其他各学科的学习上，影响和促进他们将来的学习的质量上，影响到他们的情感、态度和价值观，影响到他们怎样与这个世界沟通。

学生从刚入小学时，只能读懂简单的句子，歪歪扭扭地写自己的名字，到后面可以读小说，写几百字的作文，这是老师针对他们不同年龄段的发展状况，为他们提供支持和引导的结果。所以低年级阶段如何将孩子们引入阅读与写作的世界中，显得尤为重要。

◇低年级"写话"能力的培养——用"读写绘"替代"抄写背"

写作是运用语言文字进行表达和交流的重要方式，在语文教学中占有非常重要的地位。低年级的写作即为写话，学生写自己想说的话，写想象中的事物，写自己对周围事物的认识和感想。在教学中，老师要激发学生对写话的兴趣，使他们在写话中乐于运用阅读和生活中学到的词语。

所以老师在进行低年级写话教学时，应时刻以学生为本，以学生的兴趣为切入点，以课堂教学为主要阵地，以课外生活为辅助平台，用学生喜爱或乐于接受的方式点燃他们想说话、想写话的火花，以"润物细无声"的方式，引导学生逐步从被动的"要我写"转变为主动的"我要写"，培养他们的写话兴趣，为作文写作打好基础。

1. 充分利用教材，巧妙利用绘本

教材是语文教学的主要课程资源，低年级课文非常贴近学生的生活，字里行间充满着童真童趣，读起来朗朗上口。在教学时，老师可以引导学生进行仿写、续写，活学活用。此外，课文通常配有插图，老师可以引导学生细致观察，张开想象的翅膀，自由地表达。例如，一年级上学期，老师在讲解完《家》后引导学生进行仿写。虽然当时学生入学才一个多月，但他们已经展现出了非凡的模仿力和想象力："深深的地下是石油的家""黑色的乌云是闪电的家""远古时期的地球是恐龙的家""小草的叶茎是蜗牛的家"……

低年级学生的识字能力毕竟有限，阅读作品仍以绘本居多，而绘本最大的好处在于画面的丰富和文字的留白。以《母鸡萝丝去散步》为例，十多页的画面只配了寥寥几十个字。于是老师引导学生们观察图片、发挥想象，看他们是否能创编出更加生动有趣的故事。没想到只是稍加引导，学生们的想象力就像开了闸的水，一发而不可收了。有的学生把图中每个小动物的神情状态描述得栩栩如生；有的学生则把每个小动物的叫声模仿得惟妙惟肖；有的学生恰到好处地运用了成语；有的学生则干脆颠覆了原有的情节，把"傻人有傻福"的母鸡萝丝演绎成了聪明机灵的"喜羊羊"，而狡猾的狐狸则变成了倒霉的"灰太狼"。后来，老师把故事插图发给每位家长，请家长聆听孩子创编的故事，同时将其记录并打印下来，带到学校读给其他同学听，或在家里读给亲戚朋友听。这种方式让学生的创作热情和写话兴趣越来越高，随之发展和提高的还有思维力和创造力。

2. 用写绘的方式提高学生自由创作的能力

曾有人问，什么是写绘？从某种角度讲，写绘就是写话和绘画。具体来说，一个完整的写绘作品由三部分组成。

（1）绘画语言：由画面组成，可以是一幅或多幅儿童画。

（2）口头语言：学生绘画之后要讲述画面内容，可以是一句话或几句话，也可以是一个小故事。

（3）书面语言：由和画面有关系的文字组成，初始阶段可由家长代写，主要目的是鼓励学生大胆地说，积极地表达自己的想法。

写绘，不但能开启学生的想象力，培养学生的阅读兴趣和表达能力，而且能让友爱、信任、尊重、勇敢、宽容等美好的品质走进孩子的心灵。本班的写绘活动从一年级上学期就开展了，将近一个学年，已完成十多次写绘任务，如《我的家》《巴巴爸爸的故事》《牙医地嗖头的故事》《春天来了》《燕子妈妈笑了》等。其中，《巴巴爸爸的故事》由学校结集出版。

一年级阅读《美好的巴巴爸爸》后学生绘本创作选。

巴巴爸爸和悠悠去上学

张嘉迅

（1）星期三，天气非常好，巴巴爸爸和悠悠一起去上学。

（2）晨读时，悠悠发现自己忘了带《弟子规》，她很着急。"可里可里可里，巴巴变！"巴巴爸爸变成了一本《弟子规》。悠悠说："谢谢你，巴巴爸爸。"

（3）上音乐课时，音乐老师发现钢琴坏了，小朋友们听不到美妙的琴声了，大家都很着急。"可里可里可里，巴巴变！"巴巴爸爸变成了一架钢琴，音乐老师欢快地弹了起来。大家说："谢谢你，巴巴爸爸。"

（4）体育课上，悠悠很想跳绳，于是巴巴爸爸变成了一根塑料跳绳。

（5）放学了，悠悠和巴巴爸爸跟老师说再见以后，一起回家了。

（6）回到家中，妈妈笑眯眯地问："你们今天过得开心吗？"悠悠和巴巴爸爸齐声回答："真开心！"

老师点评：习作按图画的先后顺序，紧扣图意向我们讲述了巴巴爸爸和悠悠从去上学直到回家的事。在小作者的笔下，"巴巴爸爸"这一人物形象被塑造得活灵活现，充分展示了小作者高超的想象力。此外，习作语言顺畅，表述清晰，结构也较严谨。

当然，写绘不同于画画，不能用美术作品的标准评价学生的写绘。写绘更加注重的是学生所要表达的思想，以及在写绘过程中学生想象力的发挥。当学生拿着自己的写绘给我们看时，他一定希望引起我们的注意，听他讲讲自己的画。因此我们要尝试着说"这是谁呢？怎么这么有意思"等鼓励的话，这样能进一步激发学生的写绘热情和表达欲望。记得写绘《我的家》时，学生们正在画画，我走到一个学生面前，说："咦，你画中爸爸的头上怎么有座山呢？"他笑了，说："这不是山，这是王冠。"他说这话时把"王冠"二字咬得特别重，似乎在有意突出自己的"成就"。当老师说"真有创意"时，这个学生美得不得了，头也不抬，继续专心致志地画画。可以想到，他一定会更加用心地思考和设计。

3. 儿童大讲堂，激励口语表达

叶圣陶先生说过"写不过是用笔在纸上说自己的话"。说是基础，写是延伸。相对于书面表达能力，低年级学生的口语表达能力通常要强一些，因此低年级的写话能力培养应从口语表达开始，在学生能说、会说、愿意说的基础上，逐渐付诸笔端。需要说明的是，不论是组织学生创编绘本故事，还是进行写绘，目前都采用的是口语表达的方式。孩子们尽管天马行空地说，自有教师或家长志愿者进行记录。

学生中，有的是围棋高手，有的对恐龙颇有研究，有的精于枪械知识，有的酷爱飞机，有的是小小动植物学家……学生们的兴趣爱好和特长各不相同，他们都希望能和大家分享这些知识和乐趣。于是教师每周都会拿出一节语文课来作"儿童大讲堂"，请小讲师们给大家上课。要想站好讲台，小讲师们必须进行精心的准备，不仅包括内容的设计，还有语言的安排。近一学年的时间，儿童大讲堂已累计开讲十余次，内容五花八门。每次讲座40分钟，小讲师们的嘴巴"嘚嘚嘚"的就没停过。当过小讲师的学生，语言的组织和表达能力提高很快。用"儿童大讲堂"的方式提高学生的语言组织和表达能力，用日常积累的方式提高其口语表达能力。

生活是创作的源泉。平时，教师会安排学生每周写一篇自由周记，不拘字数，不限内容。每个人的生活经历和感受都是不同的，应随时注意生活积累，随时记录所见所闻。一方面要培养学生勤于动笔、乐于表达的好习惯；另一方面也要鼓励学生大胆表达自己的真情实感，让写话充满生活的气息，表现学生率真的天性。

同样，周记也是由学生口述、家长记录，再由学生抄写在田字格本上。抄写的主要目的是练习写字，只要书写整洁、标点正确、字体美观、无错别字就达到要求了。

低年级的大量口语训练，说与写交互进行，会为中高年级的阅读与写作做好准备，打下坚实的基础。

4. 用心设计展示平台和评价方式

新课标指出："实施评价，应注意教师的评价、学生的自我评价与学生间互相评价相结合。加强学生的自我评价和相互评价，还应该让学生家长积极参与评价活动。"当学生将自己的作品呈现出来的时候，非常希望知道别人是怎样看的，怎样感受的。所以我们建议教师，运用以下技巧：

（1）使用情感符号，直接与学生心灵沟通。

低年级学生识字量有限，喜欢直观形象的图片，如小红花、奖章、红星、笑脸等。因此，教师不需要在作业本或试卷上打叉，只使用圆圈圈出错别字，用问号标识不通顺的语句，只要是正确或内容有趣的语句都用波浪线和红星标记。学生们似乎天生就知道波浪线和红星是表示好的意思，他们会相互数波浪线和红星的个数，然后暗暗下决心要超过对方。这种可爱的好胜心让学生愿意模仿好的语句，不断地要求进步。

（2）因人而异，因材施教，关注每个学生的进步。

写话最能体现出学生的个性差异。由于生活经历、知识水平和写作能力不一样，每个学生的写话都有独特的个性。教师评价写话时一定要注意每个学生的实际情况，针对不同层次的学生提出不同的要求，做出不同的评价。对于优秀的文章，要让小作者在班上朗读，并积极投稿到校报。而对于相比之前有进步的学生，教师也要及时地肯定和赞赏。事实上，教师对学困生会更"偏心"，给他们多一些肯定，多一些赞美，多一些鼓励，让他们也能沐浴着阳光雨露。

（3）利用公共平台，让家长和学生互相欣赏、互相评价。

从一年级开始，郭丽萍老师的班级就使用"希望谷"网站作为班级交流的公共平台，学生的每篇写话（包括周记和写绘）都会上传到"希望谷"的"班级博客"中，供全体学生和家长赏析。家长们也积极参与，他们会和孩子分享这些文章，并发表评论。有时，针对一篇文章的评论能达到十多条。教师也会对每一篇写话进行有针对性的评价，让学生感受到教师的真诚。学生们看到自己的写话能得到这么多的反馈，自然是乐不可支，更加愿意继续写话，继续得到评价。

每学期结束之前，郭老师都会组织家长将孩子的周记编辑成册，一方面便于他们相互欣赏，另一方面也可作为他们写话成长过程的见证。

所以说，为学生提供一个展示和交流的平台，对于他们了解自己，了解他人，建立信心，提升能力，都具有非常重要的意义。

低年级写话是作文教学的基础，写话能力不是一蹴而就的，需要学生经过长时间的训练。我们选取了激发学生兴趣的材料，引导学生进行自主创作，用"读写绘"替代"抄写背"，从被动的"要我写"逐步转变为主动的"我要写"，学生们会更自由、更快乐地表达出他们的心声。

◇建设我们的书香教室——环境营造很重要

教室是孩子们在学校生活的主要空间，教室内拥有丰富、美好的藏书，更有利于开展丰富多彩的主题阅读活动，于是郭丽萍老师组织学生及家长一起来构建班级图书馆。

图书有三个来源：家长自愿向班级赠书；由家委会出面收费，集体购书；结合阅读需要向学校申请配备新书。这样，每学期都有新书入驻班级图书馆。班级图书馆就在学生的身边，学生可以随时拿到自己喜欢的书来读，可以利用在校内的一些零散的时间来进行阅读。

班级图书馆有了，还要帮助学生管理好，让其充分发挥最大效用。通过竞选或同学推荐的形式推出各班图书馆小馆长，负责组织同学整理、登记以及借阅刚刚购买的图书。班级小馆长可以轮换，也可以固定一人。我们还允许学生将班级图书馆的书带回家阅读，但要求读完后按时归还。

由于班级图书馆是开放式的，所以学生可以随时取阅自己想看的书。对在书籍流通过程中出现的破损或污迹，老师会要求孩子们尽可能自己动手做一些修补。我们希望让孩子们明白，让一本书保持最好的状态，是对书籍以及作者的尊重，也是一种基本的教养。

构建班级图书馆有很多好处，图书馆拥有的图书越丰富，阅读活动开展得越频繁、越有趣，学生会越有活力。

围绕班级图书馆可开展许多非常有意思的活动，在活动中把全体学生和家庭的阅读热情带动起来。比如，最常见的便是围绕一本书开展班级共读共演活动，组织学生开展班级读书会，让学生以各种形式呈现自己的阅读成果，交流自己的阅读体会。每年的寒假和暑假，学校都会给学生布置阅读方面的作业，包括绘本阅读与自创绘本，设计完成阅读小报、创意书签，制作班级阅读展板，经典书籍片段展演等等。通过这些丰富多彩的活动、让学生甚至家长尽可能地参与进来，形成浓厚的班级阅读氛围。

◇阶梯阅读，逐步建起写作之塔

郭丽萍老师带的向日葵班从一年级起就进行了有计划有步骤的阅读，她根据孩子的年龄特点和兴趣爱好，结合新阅读研究所发布的必读书目和推荐书目，制定阅读内容，安排阅读活动，跟进所有的阅读反馈环节。

从一年级到现在，每个孩子一学期至少读十几本书，有的孩子一个学期的阅读量达几百万字。经过四年的书香熏陶，孩子们感受到了极大的读书乐趣，很多同学的想象力和创造力被点燃，在阅读的同时创作了属于自己的"作品"。

1. 一年级——读写绘

"读写绘"是低年级孩子的一种阅读方法。"读"，主要是给孩子讲故事。"写绘"，是让学生听了故事后，用纸笔对自己的想法或做法进行记录、表达。

一年级的孩子年龄小，接触到的文字也比较少，语言表达能力还十分有限，尤其是书面语言表达力不从心，而运用线条、图形、色块来表达事物、心情、感受的能力较强，有创作潜能。这个时期主要以"绘"为主、"写"为辅，通过"写"与"绘"的结合来锻炼、提升学生的表达能力。"读写绘"这种学习方式，可以有效地激发孩子的表达热情，使孩子能够运用已有的能力去尽情表达。

2. 二年级——创作连环故事、动物日记

到了二年级，孩子们对于绘本依旧有浓厚的兴趣，于是教师继续带领孩子们读绘本。这时的阅读内容有时是教师推荐，有时是孩子把在课外阅读到的好故事带到班级分享。

有些绘本读起来内容过于简单，比如《母鸡萝丝去散步》，有非常丰富有趣的画面，文字却寥寥无几，而孩子们又非常感兴趣。于是，教师借助这样的图片带着孩子们创作连环故事。每个孩子都有自己的观察角度，每个孩子都有自己的语言表达方式，同样的图画，创作出来的故事各不相同，但都活泼有趣。教师把班级42个孩子创作的故事聚集在一起，做成了孩子们自己的班级图书——《我们和母鸡萝丝一起去散步》。

二年级正是观察力、想象力、语言表达能力发展的最佳时期，教师可带着孩子写观察和想象日记，观察对象是动物，边观察边记录，可以直接写自己看到的想到的，也可以以童话的形式表达。只要是孩子们喜欢的方式，他们就会很开心地投入其中，真正达到在玩中学的目的，而不仅仅是在完成老师布置的任务。

考虑到二年级学生好奇、天真，求知欲强，善于模仿，好提问题，喜爱表达，思维形象具体，在说写训练中，教师要常常启发学生大胆思维、想象、表达，还要注意启发学生的求异思维。

兴趣是最好的老师，是从事任何活动的动力。当学生把阅读当作一种兴趣和休闲活动，将可获得各种知识，并养成阅读的习惯。阅读对于陶冶学生情操，培养其审美能力，提高其语文水平和文化素养，也是至关重要的。

学生对阅读感兴趣，才能从内心深处对课外阅读产生兴趣，才能把阅读当成一种享受，才能感受阅读的乐趣，也才能事半功倍。

一起来看二年级学生写的"动物日记"。

鸵鸟日记

高静如

2013.11.5

五年前我从妈妈的蛋里孵出来了，我是一只小鸵鸟，我叫依依。我生活在广阔的非洲大草原上。我最爱吃植物和一些小昆虫。我爱奔跑，还爱和同伴们一起打闹，我生活得非常自由快乐。

2013.11.20

今天我和小伙伴在玩耍的时候，突然看到路边的房子旁有一个大笼子，里面关着一只鸵鸟，它看起来很悲伤。我赶紧跑了过去，问："你怎么了？""我叫灰灰，我小时候被人类抓走了，他们要拿我的皮做皮包，所以才把我一个人关在笼子里，我再也不能奔跑玩耍了，也见不到爸爸妈妈了。"灰灰说着流下了眼泪。我赶忙安慰它说："别着急，我会想办法救你出来的。"

2013.11.21

昨天回来后，我就找我的伙伴们商量办法，后来我们想出了一个奇妙的办法。我的一个伙伴把人类引出来，我趁机把笼子的钥匙叼了出来，我赶紧打开笼子，救出了灰灰。我们赶紧离开房子，朝着草原的方向跑去，因为我们跑得快，人类抓不到我们，我们成功地逃跑了。从此灰灰就和我们快乐地生活在一起。

老师点评：日记借鸵鸟之口，讲述了"我"是如何救助同类灰灰成功逃离人类"牢笼"的故事。日记分三块来"记"。第一块介绍自己，第二块说"我"发现灰灰被关，第三块是"我"巧妙救出灰灰。三段文字，说的是一个故事。字里行间透露出作为鸵鸟的"我们"的不幸以及超人的天赋，表达了小作者爱护动物的好品质。

3. 三年级——创作长篇童话故事

三年级是学生习作的开始，要文从字顺地写好一段话，要把握段落的结构特点。这对于高年级写整篇文章来说是一个重要的基础，因此抓好三年级学生的习作至关重要。

教师应根据学生的年龄特点，首先引导学生克服畏惧写作的心理，不断培养学生写作的兴趣。在三年级写作教学上，一开始我们对学生要求不要太高，不要追求字数，不要求统一的表达顺序，不盲目效仿优秀作文。一句话，揠苗助长是不可取的。教师应结合学生对阅读的兴趣，因势利导，在激发学生的写作热情之后，尊重学生的思考与表达，在此基础上多读、多写、多听。

三年级的孩子，明显长大了许多，他们不满足于阅读绘本，对《苹果树上的外婆》《人鸦》《夏洛的网》等书非常热衷，孩子们共同阅读，还进行角色扮演。在排演剧目的同时，对书的内容和书中的人物有了更加深入的了解，把阅读向纵深推进。

随着阅读的深入，孩子们的书面表达能力也在日益增强，有的孩子开始产生创作小说的欲望。既然孩子们想写，我们老师就推波助澜，给孩子们提供条件，引导他们写。为了让孩子们在课堂上有时间做这件事，郭丽萍老师把自己的语文教学进行了大胆改革，她整合相关内容，将精讲和略读相结合，有时候是单元整合，利用两个多月的时间将课本学完，再专程进行一次"图书馆周"。这一周，每天的语文课都在图书馆里进行，她鼓励学生大量阅读，带着思考和研究阅读，为自己的"小说"创作积累方法和灵感。接下来就开始了班级的小说创作之旅，每天写一个章节，教师结合孩子们的书写情况进行讲评、指导，孩子们再写，教师再点评指导，如此循环，大约三周时间结束了小说创作之旅。余下的日子迎接期末考试，虽然复习时间短，孩子们做的练习测试卷少之又少，但是考试成绩喜人，真是阅读读出好孩子，阅读读出有智慧有思想的好孩子。

例如，一位三年级学生写的童话小说《小黄雀历险记》，讲述的是一只机灵、调皮、可爱的小黄雀，一次偶然的机会，得到一份从天而降的礼物，从此开启了他的历险。小说中人物众多，每一个人物的个性都十分鲜明：速速，一只鹦鹉，语速很快，性子很急；丽丽，心灵手巧，心地善良；红红，个高腿长，脑子好使……特别是主人公叮叮，面对困境，面对强敌，毫不畏惧，智勇超群。

小说中，小作者把小动物们遭遇的两次险情都写得很细腻。

一次是遭遇山猫。叮叮巧妙"组装"了个"大怪物"：红红的腿和身子就是怪物的腿和身子，叮叮和当当是怪物的头，大日和小云是怪物的眼睛，丽丽挡住速速，速速充当配音员。当这一怪物走到山猫面前时，山猫吓得魂都没了，转身逃了。

另一次是遭遇敌人。面对强大到自己无法撼动的敌人，主人公叮叮审时度势，权衡利弊，最终决定带着伙伴们集体逃离，可见小主人公有着强烈的集体责任感和超人的智慧。其中的一个细节很值得品味：发现狐狸时，叮叮仔细梳理自己得到的信息："第一，那几只大鸟是狐狸扮的。第二，狐狸准备暗杀我们。第三，暗杀活动在后天举行。"从中可见小主人公临危不乱，智慧超群。

此外，小作者还写到逃离大部队后，他们在花园闯关的情节：找羽毛、喂小狗、比赛飞行。集体的智慧与团结协作的力量在这里得到了充分的展示。如果小主人公之前一个人逃离，无论如何也回不了家。

小说开始营造的氛围，小主人公的家是温馨的，有涓涓流淌的小溪，充满生机的森林和爱自己的妈妈爸爸。故事结尾小主人公带着伙伴们回到森林的家，既照应了开头，也体现了小作者过人的群体意识。

4. 四年级——"小说"创作

四年级我们继续阅读，孩子们对于阅读题材的选择更为灵活宽泛，自主性阅读较多，学生有更多的表达和创作的愿望。习作处于由段到篇的过渡阶段，这个阶段需要教师在方法上进行巧妙地引导，比如写人物对话，学生喜欢用"我说""他说""我又说""他接着说"，冒号、引号一直用到底。这时教师应提示学生，课本或是我们阅读的书中，关于人物的对话形式主要有四种：一是提示语在前，二是提示语在中，三是提示语在后，四是没有提示语。不同的提示语有不同的表达效果，在写对话的时候不能采用单一的形式，这样会显得呆板僵化，了无生趣。这些要求如果是干巴巴地提出来，学生在写作中还是摸不着头脑，还是不知道如何运用提示语。教师把习作的指导和课外阅读以及小说创作联系起来，既能让学生明白这些用法，又能很好地使他们体会这样写的表达效果，一举两得。

因为热爱，孩子们对小说创作很有热情，四年级我们继续这项活动。三年级学生写小说，写得最少的五千多字，最多的达到两万字，校长看后很满意孩子们的创作，于是学校出资把孩子们的小说集结成书，这样就有了班级的第一本小说集。这也再一次激发了孩子们的创作欲望，他们的创作热情更加高涨。其实，细细读来，有惊喜也有不足，很多孩子的小说严格意义上讲不是小说，人物性格特点并不突出，情节没有跌宕起伏，更缺少环境描写。

四年级学生创作小说之前，教师在技巧方面给予指导，再找一些优秀作品，借助作品分析如何描写环境，体会为什么要有环境描写。在人物的塑造，如何抓住特点，如何突出特点，如何使人物形象更加鲜活等指导上加大了力度。孩子创作之后，请老师写序言、请爸妈或长辈写序言，同学之间相互阅读，相互写读后感，以便从多个方面再次促进思考和提升读写能力。

所以，学生阅读写作能力的提升是呈阶梯式，层层递进的，因此我们教师要为学生搭建好这一层层的台阶，让他们稳步提升。

5. 五年级——创作剧本

高年级作文着重于篇。当前，在小学作文教学中普遍存在着这样的一个问题，那就是很多小学生在写作文时总是感觉没有内容可写。即使绞尽脑汁写出了一些，但所写内容既不具体又显苍白，更谈不上有真情实感了。要想让学生写好作文，不但要求他们有丰富的语言积累、文学积累、生活情感积累和技巧的积累，而且教师还需创设学生乐写的环境。

从总体上看，目前小学作文教学质量仍不尽如人意，特别是高年级，高耗低效的现象仍然很突出。培养小学生的作文能力，是小学语文学科既重要又困难的任务。著名的小学语文专家朱作仁先生曾指出："写作能力是语文素养的综合体现。"那么，如何善待和正确评价这些"综合体现"，从而达到如新《语文课程标准》所述的"不仅要注意考查学生修改作文内容的情况，而且要关注学生修改作文的态度、过程和方法。要引导通过学生自改和互改，取长补短，促进相互了解和合作，共同提高写作水平"？郭丽萍老师经过多年的探索和实践，总结出了一条快捷、高效地提高作文教学的有效途径——创新写作形式。

到了五年级，学生已经有了一定的理解、迁移、转化、加工能力，于是教师带领学生们创作剧本。结合教材中的文章和学生丰富的课外阅读，创作剧本，并选出优秀剧本排演课本剧。学生非常感兴趣。这样的方式是培养学生综合能力的有效路径。

学生作品精选：

《生死攸关的烛光》剧本

编剧：胡心怡

导演：胡心怡

地点：法国，伯瑙德夫人家中

时间：第二次世界大战期间

人物：伯瑙德夫人

雅克（伯瑙德夫人的儿子，12岁）

杰奎琳（伯瑙德夫人的女儿，10岁）

三个德国军长官（长官，中尉一，中尉二）

旁白：在第二次世界大战期间，法国第厄普市有一位妇女——伯瑙德夫人。她的丈夫被德军俘房了，至今生死未卜，留下两个儿女：12岁的儿子雅克和10岁的女儿杰奎琳。为了把德国法西斯赶出自己的国家，他们一家三口都参加了当时的秘密情报工作。

在一个初冬的晚上，屋外的风猛烈地吹着，伯瑙德夫人家里光线昏暗，一张孤零零的长桌上摆着一根小小的蜡烛。

伯瑙德夫人：孩子们，刚才那位农民装扮的叔叔又给我们送来了情报，我们把它放在哪儿好呢？千万不能让敌人搜去了。（亲切地）

雅克：要不然还放在那个汤锅里吧，上次就没被发现。（神情坦然）

杰奎琳：不行！（突然打断）那是因为上次他们搜得太粗糙了，看了一眼客厅和柜子底下就走了。我看还是藏在椅子的横档中吧，那里安全，那些军长官总不至于把椅子拆了吧？（摊开双手）

雅克：那照你的说法也不行，那些人要是发起火来，真能把椅子砸了。（瞪大双眼，吓唬人的样子）

伯瑙德夫人：（沉思了一会儿）我看要不就藏在那半截蜡烛里吧（指向窗台上的半截蜡烛），我还有一小瓶蜡，用它把蜡烛包好，谁也不会注意到那一小根蜡烛的。（兴奋）

杰奎琳：我们把它放在那个桌子上吧。（指向桌子）越显眼的地方越不引人注意。

伯瑙德夫人：行，就这么做！孩子们，你们记住，我们一定要想方设法保护好这份情报，为了有一天能把德国佬赶出去，我们要不惜一切代价！

（坚定地说，然后走向窗台，包好蜡烛，把它放在房间的桌子上，一切都很平常。）

雅克：放心吧，妈妈。（像男子汉似的拍着胸脯）

杰奎琳：妈妈，我懂，我最讨厌那些不讲道理的德国佬了！咱们赶快行动吧。（三人拿着蜡烛去放情报了）

旁白：两天之后，在一个晚上，伯瑙德夫人一家就要睡觉了，忽然听到了一阵粗暴的敲门声，不容伯瑙德夫人去开门，三名德国军长官闯了进来。（进屋后四处搜查）

中尉一：报告长官，没有什么发现。（敬军礼，严肃）

中蔚二：报告长官，也没有什么发现。（敬军礼，严肃）

长官：（扫视了一下房间，对中尉一说）我检查了一天，累了，在这里休息一会儿。（坐到椅子上，从口袋里掏出一张皱巴巴的纸开始看。他眯着眼睛，做出看不清楚的样子。）

中尉一：（赶快把蜡烛拿过来放到军长官面前，点燃了蜡烛。）

伯瑙德夫人：（伯瑙德夫人看着这个情景，赶忙向厨房走去，拿了一盏油灯过来，放在桌上。）瞧，先生们，这盏灯比蜡烛亮很多，就用它吧，蜡烛就不需要了。（说着把蜡烛拿开并轻轻吹熄）

中尉二：晚上这么黑，多点根蜡烛不好吗？（说着把蜡烛拿过去，重新点燃。）

（伯瑙德夫人把头低了下去，又把头抬了起来，静静地看着。）

雅克：（装作冷得发抖的样子）天真冷，我到柴房去搬些柴来生个火吧。我拿蜡烛照个亮。（一边说，一边站起来，伸手端过烛台往外走。）

中尉一：你不用就不行吗！（厉声喝道，并快步上前，夺回烛台。）

（雅克只好空手去了，他搬回一捆木柴，生了火，坐下来。）

（杰奎琳双手紧握，有些紧张。她慢慢把双手放下，微笑着走到长官跟前。）

杰奎琳：司令官先生，天晚了，楼上黑，我能拿根蜡烛上楼睡觉吗？

（娇声，故作害羞，腼腆）

长官：（瞧了瞧杰奎琳）当然可以，美丽的小天使，我也有一个你这样年纪的小女儿，和你一样可爱。来，我给你讲讲我的路易莎好吗？（亲切地）

杰奎琳：那太好了！不过……司令官先生，今晚我的头很疼，而且也已经很困了，我想睡觉了。下次您再给我讲好吗？（温柔，和缓地）

长官：当然可以，小姑娘，你去睡吧。（冲小姑娘摆摆手，示意可以拿蜡烛去睡觉）

杰奎琳：谢谢司令官先生！晚安。谢谢您，长官！欢迎你们下次再来。晚安！（一一走到跟前，深鞠躬，娇滴滴地说话）

（杰奎琳端着烛台轻轻走上楼梯。）

旁白：杰奎琳端着烛台轻轻走上楼梯，当杰奎琳踏上最后一级台阶时，蜡烛熄灭了。

备注：道具需要蜡烛一根，椅子两把，桌子一张，一堆柴火，一张皱巴巴的纸，一盏油灯等。

6. 六年级——结合整本书阅读来撰写论文

《语文课程标准》不仅明确提出"要重视培养学生广泛的阅读兴趣，扩大阅读面，增加阅读量，提高阅读品位"。还提倡通过"多读书，好读书，读好书，读整本的书"来促进"学生语文素养的形成与发展"。到了小学高年级，有效阅读尤为重要。

读书的好处不言而喻，可是如果漫无目的地泛读则效率很低。加强对学生的课内阅读指导，行之有效地将文章的语言、章法、写作技巧自觉运用到自己的写作中去，从而达到"读写结合，以读促写"的目标。

叶圣陶先生说得好："阅读是吸收，写作是倾吐。"这就明确地告诉我们：阅读是作文的基础，阅读好像蜜蜂采花，作文好像蜜蜂酿蜜。读和写是相辅相成的，智慧地掌握两者结合的策略，学生的作文能力才会逐渐提高。实现读写结合，关键在于深度挖掘阅读材料，找准读写训练点，抓住学生的兴奋点，捕捉学生的真切感受，拓展写的空间，让学生乐于动笔。何谓兴奋点？即文本中的描写动情处、词句优美处、生动有趣处、思维创新处。这些兴奋点可以成为读写训练点。简而言之，即：情动笔动—品美写美—妙趣横生—别出"新"裁。此外，六年级的学生已经有比较好的逻辑思维能力，喜欢思考，并且有自己的观点，应该锻炼他们将自己的想法和观点表达出来。所以，教师可引导学生结合自己感兴趣的点撰写小论文，这样的练笔有助于学生进行深度思考。

◇如何激发、引导学生投入写作？

课堂上，我由身边的学生说起，引出《意大利的爱国少年》。

我先隆重地向同学们介绍班级里的爱国少年赵亮。有一天，赵亮手捏一枚一分钱硬币交给老师，告诉老师这枚硬币被捡到的时候脏极了，已经刷洗了很长时间，还有些污渍洗不掉，但是国徽处已经被清洗干净了。我接过这枚硬币，《国徽》这首诗歌的内容又一次浮现在眼前，我知道，赵亮同学的心里闪着国徽的光芒，这是一个爱国的好少年！接下来我们将要认识一位意大利的爱国少年，请同学们打开书，朗读《意大利的爱国少年》。

《意大利的爱国少年》介绍了一位11岁的热那亚少年，他被拐卖到马戏班，戏班里的人打他、骂他、欺负他，让他干重活还不让吃饱饭。后来他终于有机会乘船踏上回家路。船上的人同情他，乘着酒兴扔给他一些钱，他低下头弯下腰捡起来，他太需要钱了。而当那些人看不起并侮辱他的祖国意大利时，他拉开帘子扔出这些钱，大义凛然地说："你们侮辱我的祖国，我不要你们的钱。"故事到此戛然而止，一个意大利的爱国少年好像就在孩子们中间。不知谁问了句："后来呢？""是啊，后来呢？你们想象一下，写一写这个爱国少年的后来。"我自然而然地将话题转入了本次习作。

以下文章是孩子们发挥想象力续写的故事。

《意大利的爱国少年》续

和法忻

这时，有个法国人说："看你那么可怜，为什么不要我们的钱呢？"少年说："那些钱对于我来说很重要，可是对于祖国来说，一文不值！别以为那点钱就可以让我出卖我的祖国！"

可是，有个西班牙人打了那个少年一巴掌，虽然少年很疼，但他还是说："打吧，要打你就打吧，和刚才一样，我是不会出卖我的祖国的！就算死，我也不会说我的祖国一句脏话，出卖我的祖国的！"刚才那个西班牙人说："你不是说死也可以吗？那我就让你尝尝死的滋味！"说着就一个箭步上前准备打那个少年一顿。

他正准备上前打那个少年，可是另外一个英国人酒醒了，上前和西班牙人说："也许我们还不如那个少年，你想想，他一直说不会出卖意大利，你刚才打他的时候他就没有出卖意大利。你再想想，我们都这么大了，为什么还要欺负那么小的少年呢？难道你不惭愧吗？而且你这样打人又有什么意义呢？就算你出了气又能怎样呢？而且他爱国也是对的，你又凭什么打他呢？"

那个西班牙人低下了头，向少年道歉，少年看他是真心的，便原谅了他。那个西班牙人还说："我以后再也不打人了，我要做个善良的好人！"

《意大利的爱国少年》续

李江浩

那些人似乎被少年刚才的举动吓了一跳，过了半天才缓过神来，奇怪地问："我们好心帮助你，你为什么把钱又扔回来了呢？"

少年回答道："你们这个问题算是问对了，你们就算是给我一千、一万块钱，我也不会让你们侮辱我的祖国的！而且，你们觉得祖国的尊严和荣誉是能用钱买得来的吗！？"

那些人听了少年的话羞红了脸，他们挺想对少年说声"对不起"，可嘴里就像堵着一块石头，怎么也说不出话。他们现在也觉得刚才说那样的话实在有点不应该。

少年继续说："就算是世界上最富有的人，不管交多少钱也不能侮辱别人的祖国，况且你们应该也不希望别人侮辱自己的祖国吧？如果不希望，那么己所不欲，勿施于人。如果你们不想让别人侮辱你的祖国，就请不要侮辱别人的祖国！"现在，那些人的脸更红了，旁边的乘客纷纷鼓起掌来。

时间一天一天地过去了，热那亚少年长大了，他当上政府官员，专门为大家治理这些侮辱祖国的不法分子。有一次，他去开记者招待会，他在会上说的第一句话就是："如果有人侮辱你的祖国，你可以理直气壮地质问他'你为什么侮辱我的祖国？'给予这些人有力的回击！"

现在，他已经治理和惩罚了上百个不法分子，成为意大利受人爱戴的官员。

42个同学就有42个续写故事，每个都有每个的特点和精彩。就这样，孩子们在不知不觉中很好地完成了一次习作任务。

学生在教师的引导和激发之下，写诗的热情也逐渐高涨起来。下面是因国庆长假的讨论而引发的一次写诗的习作。

"孩子们，我们期待的国庆节七天小长假就要来临了。可是你们想过没有，为什么这个假期会是七天呢？这七天人们都会做些什么呢？"我在放假之前的一个中午和大家聊起这个话题。

一石激起千层浪，教室里顿时热闹起来。很多同学都兴奋地告诉大家假期要去哪里玩儿，还有的说早已定好了火车票、飞机票。聊够了，回过神来，开始想老师问的问题。有同学说是因为国庆节才放七天假，马上有同学补充说，国庆节是祖国母亲的生日，全国人民要庆祝。我笑了，点头表示赞同，并接着这个话题继续问："在祖国母亲生日来临之际，我们送上什么礼物呢？""我知道，好好学习，长大了保卫祖国。"一位一向讲话爱着急的学生坐在座位上脱口而出。"这算什么礼物？"一位同学自言自语地嘀咕着。"可以写首小诗表达祝福吗？"有人很小声地说。我听到了，连连夸这个主意好。于是，向日葵班开展了一次以诗歌向祖国献礼活动。

"诗歌可以仿写，当然最提倡的是自己创作。如果写诗歌实在有困难，还可以查资料，制作一张热爱祖国的手抄报。"我话音刚落，就有同学跃跃欲试。我们班每天晨诵诗歌，已经有两年的时间，有了这两年的积淀，孩子们会有怎样的精彩呈现呢？我们一起看看孩子们的作品吧：

感谢祖国妈妈为我们做的一切

张嘉迅

感谢祖国妈妈为我们做的一切。

因为——

我的语文老师

是祖国妈妈培养出来的；

我的数学老师

是祖国妈妈培养出来的；

还有那些中国的科学家们

也是祖国妈妈培养出来的。

感谢祖国妈妈为我们做的一切。

因为——

繁茂的大树

是祖国妈妈培育出来的；

可爱的小草

是祖国妈妈培育出来的；

还有那些美丽的鲜花

也是祖国妈妈培育出来的。

感谢祖国妈妈为我们做的一切。

因为——

火药

是祖国妈妈发明出来的；

指南针

是祖国妈妈发明出来的；

还有造纸术

也是祖国妈妈发明出来的。

感谢祖国妈妈为我们做的一切。

祖国在哪里

庄子悦

水稻在农田里，

农田在篱笆里，

篱笆在惠安里，

惠安在福建里，

福建在祖国里，

祖国在世界里，

就这样，就这样，

献给祖国妈妈的诗歌，

在子悦的小小笔尖里。

一首首小诗表达着孩子们的真情实感，诗歌的周围画有精美的插图，可以说这是一次很有意义、很有意思的诗歌写绘活动。

可以看出，激发和引导学生进行写作，一定是一种自然的过程，它建立在学生的兴趣、内心体验和情感发展的基础之上，所以写作之前的铺垫显得特别重要。因此进行大量的阅读和口语训练，教师了解了学生心中所想所感，勾起他们的兴趣和情感，学生们自然会兴致勃勃地投入写作当中。

◇引导学生讲评作文——让孩子学习鉴赏

一般的作文讲评课，是结合学生写作文的具体情况讲评，教师批改，或让学生进行修改。而郭丽萍老师的班上，作文讲评渐渐变成了文学鉴赏，大家鉴赏的不是名家名品，而是学生自己的作品。当自己的文章被选中成为鉴赏文章时，孩子们的那种喜悦之情妙不可言，这样大大增强了学生对作文的兴趣。在鉴赏时，教师让大家先自主阅读，或由写文章的同学读给大家听，然后小组内讨论：这些文章有什么共同的优点？要把优点讲透。同时提出一个问题：如果让你修改，你觉得哪个地方还可以写得更好？有了目的和要求，同学们读得格外认真，思考也格外细致，每个同学都参与其中，既受到了启发，又学习了一些方法，同时对文章的作者也是巨大的鼓舞。作文讲评变成这样的作文鉴赏，一举多得！

学生们在鉴赏文章时，按照一定的思路和步骤进行，并且要做鉴赏笔记。下面是鉴赏笔记思维导图，经过小组的集体交流后，板书展示出来。

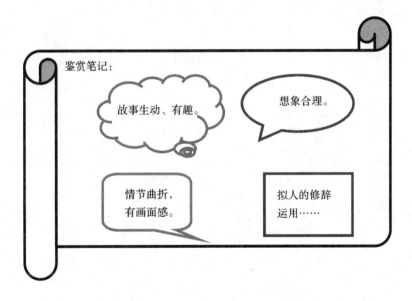

学生们在鉴赏过程中将写作练习变得越来越扎实，同时，他们的思维水平也一步步得到提升，他们变得有思想，有见解，情感丰富，充满自信。

郭丽萍老师通过20多年语文教学及班主任的经验告诉我们，在小学阶段培养学生的阅读和写作能力，需要了解他们的年龄和发展状况，了解他们的生活、情感和兴趣，营造书香环境，引导和激发他们的阅读、写作兴趣。还要为学生设计展示和分享的平台，使他们有所反思，进行更加深入的思考和学习。这样才能引领学生扎扎实实地从阅读写作的初级水平提升到高级水平。

第八章

摆正家庭教育的位置，让家校真正合作

每个孩子都来自家庭，每个家庭不同，因而教养出不同的孩子。学校生活占去一个人十几年的时间，且这十几年是这个人生命中相当重要的阶段。他从一个不成熟的"小毛头"，逐渐变成一个成熟的，可以独立生活的成年人。而小学阶段，正是一个人从儿童期走向青少年期的重要阶段。在这个阶段，家庭和学校都具有非常直接的、重要的影响。然而学校和家庭毕竟存在着相当大的差异，扮演着不同的角色，发挥着不同的作用。作为小学教师，怎样看待学校教育，怎样看待每个学生背后的家庭教育，怎样让家校合作，以促进学生的发展呢？

◇明确学校教育与家庭教育对于学生发展的不同作用

学校教育是集体教育，校园、操场、教室、教师和学校的每一个工作人员所面对的，是学校中的所有学生。每一个学生个体虽然形形色色，但是他们是集体中的个体，他们周围是和自己年龄相仿，能力相当，势均力敌的同伴。因此学生可以看到其他的孩子是什么样的，他们的行为方式是怎样的，情感态度又是怎样的。这对他们认识自己，评价自己，塑造自己，起到了非常重要的参照作用。

家庭环境中，孩子的周围主要是长辈，尤其如今家庭中子女很少，孩子被众多长辈关注和宠爱。他们看到的，主要是成年人生活的样子，而自己该怎样做，除了自己摸索，通常要靠长辈来指导和要求。因此家庭教育的独特风格直接作用在孩子身上，体现在每一个学生的身体状况，情绪状态，对事物的态度和看法以及人际关系处理等许多方面。

当一个挑食、敏感、怯懦的孩子和一个鲁莽、热情、健壮的孩子凑到一个班里时，教师的工作就变得复杂起来。这也是集体教育的局限性，无法做到每时每刻一对一地关照到不同个性的学生。而遇到不同课程、不同年级，会变换不同的教师，在集体中就更难做到持续性地帮助和支持每一个不同的学生了。

那么，家庭中细致的个性化教育会给孩子带来什么呢？当然是更加准确恰当和个性化的支持。然而我们知道，孩子在小学阶段要经历一个摆脱自我为中心的过程，这是他成为一个社会人以及思维和情感发展的重要过程。他会看到形形色色的人、不同的观点和看法，感受社会规则和人际边界，在实践中学会协调、沟通与合作，逐渐形成对自己客观的认识和评价。如果孩子不进入学校，不走出家庭，这个重要过程就会有缺失。因此集体教育对于家庭教育来说，有着重要的补偿作用。

家庭教育和学校教育有着各自的局限和优势，是互相支持、互为补充的关系，而家校合作的最佳结合点，是激励和引导孩子进行自我教育。即家庭和学校联手创造条件，通过孩子自主性的发挥，实现孩子自我管理能力的逐步提高。

◇怎样引导家长与学校合作促进学生的发展？

家长与学校到底应该是一种怎样的合作关系，才真正有利于学生的发展呢？这里需要引入"共同体"的概念。共同体是人们在共同条件下结成的集体，其产生的根本原因可能是"解决问题"，或者是"使命召唤"。人靠交流才会发展，而共同体是一个和交流紧密联系的概念。共同体的特点是在背景一致，目标一致的前提下，每个成员都具有思想的独立性，而这种独立性又是影响共同体力量的因素。在每个成员能够彼此了解、沟通和交流的基础上，共同体的力量可以为每个成员的成长和发展起到强大的助推作用。

1. 引导家长建立包含学生、教师、家长在内的学习共同体

"融合课程"是中关村一小结合孩子生理、心理特点，汲取国内外先进教育理念和教学成果所开展的创新实践。"融合课程"包含了课程内容、教学方式、教材体系、教具及环境等多个方面的融汇创新。在我们看来，"融合课程"更应是一个"学习共同体"教育理念的创新实践。

美国教育家杜威先生认为：教育应具备"公共性"和"民主主义"。"公共性"要求构筑相互开放的空间，实现异质文化相互交流。"民主主义"则要求学生、教师和家长，每一个人都成为主人公，进行"多种多样的人共同生活"的实践。这里，我们结合实际，探讨如何创建包含学生、家长、教师在内的学习共同体，最大化地发挥教学的效益。

第一，引导家长参与，让学生尽快成为学习的主人。

近年来，一个困扰家长和社会的现象是：孩子被学习。也就是说，孩子觉得自己是在为家长学习，是被迫学习。尤其是一年级学生的活动，家长全程"参与"。家长是完全"包办代替"了学生的一切活动，使孩子们成了学习的"傀儡"。为使孩子成为学习的主人，在孩子的教育活动中，我们需要积极引导家长正确参与，共同完成学生的教育活动。

为了让家长关注孩子的同时也关注我们的教育教学，开学初我们班就设立了一本、一袋制。一本是记事本，一袋是回执袋。记事本中记录的是晚上回家要做的事情，回执袋中装的是各种通知及重要书信。孩子充当小小"邮递员"，每天传递着家校之间的信息。期间，也有家长提出不知孩子写的是什么，要求我们发信息，被我们拒绝了。我给家长的解释是："请您蹲下来，用心地解读孩子，您一定能看懂！看不懂随时给我们打电话。"我非常理解家长，因为孩子们的记录是用他们自己能理解的图文相结合的方法进行的，

成人看不懂太正常不过了！如果我每天给家长发信息，他们还会主动去翻看孩子的记事吗？孩子还会主动去给家长看记事、签字吗？这样家长就会剥夺了孩子作为一名小学生应尽的"责任"，更不利于家长摆正自己的位置，最终变成孩子学习的"主宰者"。

起初的记事只是看到家长的签字，渐渐地出现了家长和孩子们共同学习我们的全课程整合课本的感想、教育孩子的做法……对此我是一一回复留言。家长们也甚是感动，记事本慢慢成了我们的第二教育"阵地"。

还记得，在中秋节放假前我依然做记事，内容是：放假3天；快乐记事。看似不起眼的记事，本来可以不记，但我不想间断。我只想让孩子和家长都养成一个好习惯。没想到家长并没觉得我无聊，反而将这项作业评为"中国好作业""最高大上的作业"！家长们在他们的朋友圈道出了心声："早就期待中国的孩子能有这样的快乐假期！"我立刻回复家长："我承诺！中关村一小永远给孩子这样的假期！"假期结束后，记事本上有好多这样的回复。我想如果没有这条记事，还会有这些关注吗？最感动的是教师节，我们居然在孩子的记事本上收到了许多条祝福，最让我们难忘的是何亦萱小朋友的家长在本子上画了一棵参天大树，树旁赫然写着："十年树木，百年树人……"此时，家长已经被我们的记事本引导，参与到我们的教育中了。

第二，家长互动参与，使家长成为孩子教育的重要的一部分。

一些家长容易把"生活"和"学习"严格分割，把"家长"和"学生"严格对立，成为学生学习的简单"监督"或"代工"，没有诠释"家长作为教育的一部分"的真谛。为了使"家长成为教育的重要的一部分"，我们设置了公共交流平台，所有家长、学生、教师都可以参与讨论。

家长已经被我们的小本本、小袋子引导到关注我们的教育了，为了让他们真正由单纯地关注孩子学习转变为关注孩子教育成长，我们建立了各种互动平台，把优秀的教育文章分享给家长，他们渐渐由"无声无息"变成一句"感谢"，由"感谢"变"收藏"，由"收藏"变"讨论"……家长们终于互动起来了。我们立即抛出了一个重要问题："你希望你的孩子在一小启蒙教育阶段培养起什么样的品质？"家长们讨论得不亦乐乎：爱心、礼貌、智慧、孝顺……

最终，家长们以我们《金葵花乐园》这本书中的6个金葵花宝贝为培养目标的形象雏形，设计出了6个活泼可爱的"葵宝"作为我们班级文化培养目标的卡通形象。之后，家长们又在为葵宝取名字上大加讨论，分别将它们的名字定为：爱心葵宝、礼仪葵宝、诚信葵宝、恒心葵宝、智慧葵宝、忠义葵宝。这是家长对孩子们成长目标的规划。同时，他们还提出不同阶段培养的层级目标。例如：对于"礼仪葵宝"，在低年级我们要培养学生做到：第一，用安静专注的聆听表达对他人的礼貌。第二，用挺拔向上的站姿表达对他人的礼貌。第三，用自然真诚的笑容表达对他人的礼貌。第四，用持续不停的掌声表达对他人的礼貌。成长目标确立后，应该采取什么样的评价方式呢？选择一种什么样的评价方式才能生动、有效地看到孩子的成长呢？正巧我发在家长群里一篇《牵着蜗牛去散步》的文章，给了家长们灵感。班级后墙是一片树林，我们决定把每个小孩的头像做成蜗牛的头像，每一只"小蜗牛"在墙上沿树干向上爬，看谁能更快地完成培养目标，早日爬到树上变成叶子……就这样，在家长的群策群力下，我们打造了独特的班级文化——"蜗牛班级"。

第三，家长走进课堂的创新参与，使教育更加生活化。

教育是传递知识和技能以及修养的活动，教育的目的是为了让孩子们能更好地生活，因此，孩子们需要将所学知识运用于生活中。我们全课程理念就是要实现"教育即生活，教育即成长"。怎样让我们的教育更生活化、更有利于孩子成长，真正培养出社会人呢？家长们决定将隔周第三四节课定为"一（9）家长大讲堂"。家长们兴趣极高，有的报名讲天文地理，有的准备讲社会与法，有的要讲动物植物，有的要讲身边的隐患，还有的要给我们讲情绪与健康……这样，家长带着社会走进孩子，孩子们带着收获走向社会。以后我们的家长讲堂会变成"我和家长同堂""学生讲堂"，最终把"一（9）大讲堂"变为家长和孩子们的天地！

最让我难忘的是刘子睿爸爸带着他的《水和水足迹》走进讲堂的那一刻，全班孩子不约而同地拍手齐喊："欢迎，欢迎，热烈欢迎……"有的孩子还上前握手、拥抱问好。孩子们亲切地叫着："刘爸爸""刘叔叔""刘老师"。孩子们在这节大讲堂中感受着水的神奇与珍贵，当他们听到一个苹果的一生所需要的水大概是28个25千克的宝宝那么重的时候，孩子们惊呼起来……他们真正感受到了我们要节约用水。我们由节约用水引入了节约粮食，争做光盘小使者的活动。午餐时，孩子们个个光盘，令人欣慰！

当然我们的一（9）大讲堂还存在很多的不足，比如内容的杂乱，内容的合理性和系统性不够等等。为了孩子们，我们在摸索中前行着……我们积累，我们反思，我们改进，我们还要不断地寻求全新课程的真谛！

第四，初见成效，分享感动。

现代教育制度确立至今，社会环境已有了巨大的变化。我们的教育应当关注这些改变，不断积累、反思、摸索、改进，"全课程"教学理念由此应运而生。开学已经快一个月了，有很多感动让我眼圈湿润过，但在这里，我想和大家分享一下一小的教育给家长带来的感动。

例一：这是一个家长的微信记录。我们发的葵园小书包被发到微信上，上面有家长的一段话："猜猜这是什么？购物袋？不是哈！这是环保小书包，猜到了吗？中关村一小新生的书包发了两个换着背！……特别喜欢这句话：'做最好的我'。"开学的第四天，家长又发微信："睿睿上学第四天了，回到家大人难免问长问短，想对他在学校的情况了如指掌，目的还是想知道他对新环境是否适应。今天睿睿一句'我太喜欢这所学校了，如果让我打分，我就打100分'，我就知道妥妥的了……还有什么比喜欢更重要的呢？"

例二：嘟嘟妈的微信记录。开学第一天，嘟嘟妈写道："开心，一小的一年级生活果然值得期待，书包都不用准备，每个新入学的小学生都发环保书包。书本也不是外面传说的某些版本，简单四本书，要求简单得几乎没有，唯一的要求就是要孩子爱上学校，爱上上学……"开学第三天，嘟嘟妈写道："小豆包放学了，开心得不得了，说不想放学，边走边给我讲了今天老师讲的绘本故事——夜莺。"开学一周，放中秋假，嘟嘟妈写道："嘟嘟来理发馆让叔叔给她设计一个就像学校金葵花的花盘一样的发型。闺女太爱学校了，走哪儿都想着！"

例三：我们班的培养目标的卡通形象——六个葵宝一出来后，居然有好几个家长在他们的朋友圈上传图片，并感慨道："好可爱的葵花宝宝，我也想去上学……"

看到这些，作为一小教师的我们心情久久不能平静。是啊！有什么样的教育能比让孩子喜欢、爱上，让家长安心、放心更重要的呢？我想这些都源于我们全新的教育理念——做最好的我的全人教育！

"融合课程"的"融"，既体现在教学内容、方法、工具和设施上，也体现在教学的主体和来源上。因此，我们在学习国内外先进教学思想的基础上，结合实际，对教学共同体的建设进行了探索，希望能够抛砖引玉。孩子是国家的未来，我们肩负的责任既神圣又重大。我们将这份责任铭记在心，不断探索"融合课程"的真谛，力求实现最好的教育！

2. 家校合作共建

（一）什么是家校合作共建？

朱永新老师在《新教育》中指出：家校合作共建是指通过亲子共读、新父母学校、家校合作委员会等形式，强化家校共育机制，建立新型的家校合作方式，发挥父母在学校教育和家庭教育中的作用，为学生的成长创造良好的条件。

家校合作共建不仅对于提高学校教育教学质量具有重要作用，而且也是建立现代学校制度的需要。学校通过与家庭、社会紧密联系，可以实现各类社会教育资源在学校中的整合，使学校课堂向社会生活延伸，满足学生父母和社区的需要。家校合作共建可以提高家庭教育质量，让父母更好地理解教育、参与教育，帮助父母树立正确的育人观念，掌握科学的育人方法，提高教育能力和水平，实现与孩子一起成长的目标。

家庭和学校作为儿童教育中的两种主要的教育力量，如果形成合力，就能互相支持和配合，强化教育作用；如果不能形成合力，则会互相削弱和抵消，学校的教育作用就无法得到充分发挥。苏联教育家苏霍姆林斯基说："教育的效果取决于学校和家庭教育影响的一致性。如果没有这种一致性，那么学校的教学和教育过程就会像纸做的房子一样倒塌下来。"可见家庭参与教育对学校教育的效果具有极大的影响。

（二）丰富多彩的葵园家校活动。

第一，召开有主题的家长会。

2012年8月27日下午，一年级新入学的孩子还没正式到校上课，我就组织了第一次家长会，主题为"幸福地在一起"。我首先介绍了班级情况：班级现有人数42人，男生21人，女生21人；年龄最小的庄子悦2006年8月16日出生，最大的李卓恒2005年7月3日出生；本市户口的30人，外省市户口的12人；少数民族三人——刘子涵、赵紫姗、王俊骁。然后介绍我自己。从这一天开始，我们有了这个新的大家庭，我们（我和孩子们）和孩子们的父母们将经常在一起，我们要共同努力，要幸福地在一起。家长会上，我具体详细地介绍了开学前要做好哪些准备，开学后学校在学习和生活方面有哪些要求，使家长感到老师的工作具体周到、细致入微，从而信任老师，便于老师开展后续工作。从一年级到四年级，我们共召开了7次有主题的家长会：

第一次：幸福地在一起；

第二次：珍爱我们现在的时光；

第三次：好好爱我们的孩子；

第四次：享受孩子的成长；

第五次：用书香浸润童年；

第六次：记住要求、学有榜样、从小做起、接受帮助；

第七次：做自己的主人。

第二，开展"和孩子一起参与校园生活一日"活动。

每个学期，学校确定其中一天为"家长开放日"，在这一天，有时间的家长可以和孩子一起到学校"上学"一天，共同上课、共同午餐、课间共同游戏。

教室的门敞开，使家长更好地了解学校，了解学生，并积极参与到学生的日常生活中来。一天共同的校园生活后，家长与班主任和各任课教师一起为班级的发展建设提出合理建议并出谋划策，使家长和教师很自然地成为教育的共同体，为教育好每一位孩子而共同努力。

第三，别开生面的家长讲堂。

2012年9月以来，我们通过召开有主题的家长会和家教讲座等，帮助父母更新教育观念，掌握教育方法。在这个过程中，我们也了解到，家长本身也是重要的教育资源，他们来自各个行业，把他们请进课堂开展"家长讲堂"，既有效地利用了家长资源，又能开阔孩子的眼界，拓宽孩子的思维。第一次走进课堂的是胡心怡的妈妈，她给大家介绍蝴蝶，各种各样的蝴蝶把孩子们迷住了，孩子们一下子喜欢上了蝴蝶，并对和蝴蝶有关的知识产生了兴趣。课后，孩子们舍不得心怡妈妈走，纷纷问她什么时候能再来。由此，孩子喜欢上了家长讲堂，从2012年9月起，家长讲堂共进行了18讲。

下面选取在家长进校园、进课堂活动中，我们向日葵班的4位家长参与班级各种活动的记录。

（1）Tom爸爸的见闻。

Tom爸爸在学校的一天（摘选）

郭老师的语文课（第一节课）实在精彩，以至于我没有更多的时间照相，但是我做了录音。听郭老师的课是一种享受——教学设计与课堂教学完美结合，体现在每一个环节，时时、事事、处处把握精巧，这是经验更是素养，没有爱不能够拥有；眼神、微笑、手势、语言和语音语调令人如沐春风；学生的热情被充分调动，争先发言，争先提问，相互欣赏并鼓励；学生错误的提问，转化为教学内容的拓展；关注每一组学生，关注每一个学生；对太阳"跳"出来和太阳"冒"出来的情景，讲解巧妙，在学生用语言准确描述后，让大家一起用动作体会，寓教于乐，快乐学习于无形之中。这是一堂完美的课，这不仅是一堂语文课，还是一堂优秀教师的教育示范课。

第四节是体育课。课后同学们有40分钟的午餐及午读时间。在教室里，我与孩子们共进午餐，味道不错，量也足，吃了一份就饱了。郭老师给每位孩子舀汤用了大约11分钟，然后给没吃饱的孩子添加主食（米饭或面饼），接着告诉孩子们餐后午读要求，最后观察每位孩子的情况。不久，开始集合，进行下午的统一训练营活动。有的家长可能已经发现，此时郭老师尚未吃午餐，而且不是第一次了。直到放学，郭老师一直微笑着面对孩子，有时还要抱起孩子。放学解散后，有些家长还在与微笑着的郭老师沟通交流。这微笑令人感动！

1班的孩子好像特别喜欢提问，他们爱思考、爱交流，他们礼貌、热情，他们是幸运的，幸福的。

（2）王浚伊爸爸讲《千字文》。

尽一份心，出一份力（摘选）

开学初，郭老师诚邀我给孩子们讲讲《千字文》。我欣然受命。原因有二：一是以此表达对郭老师倾心教育的敬意；二是为儿子所在班级的同学们尽一份心，出一份力，责无旁贷。

我于传统蒙学自是下过功夫，想来对《千字文》的历史、义理、文采的体会不同于当下许多言论，其中受益于古人和今日的许多先生的精微处颇多，所以不会将孩子们带入歧途。唯有如何使孩子们明白、用他们可接受的语言、方式，以及孩子们会接受到何种程度，最是困惑着我。

现实是，讲了两次课后，计划一尚未完成。欣喜与反省兼而有之。每位孩子都是一个奇妙的精灵。孩子们勤于思考，争相答问，其有精妙，令我敬畏。同学们有国学基础，据我所知，全班背诵过《弟子规》《三字经》《百家姓》《论语》（节选），正在背诵《千字文》，这份全体的坚持让我敬佩。还有的同学在学习《笠翁对韵》《黄帝内经》《论语》等等，令我惊喜，这真是太好了！也有不少同学不喜欢国学或听不入心。我不断反省，如何更进一步与同学们交流？如何激发同学们对优秀传统文化的"温情与敬意"？一定不能浮躁，要踏踏实实，要有呵护之心，一步一步，要有经典的义理，要有身边日常生活的贴近。

（3）潘睿章爸爸家教经验介绍。

"勿忘初心，快乐为本"（摘选）

所谓"勿忘初心"，就是经常提醒自己不要太过偏离对孩子最初或最基本的期望。不知从什么时候起，"不要让孩子输在起跑线上"这句话被发明出来，成为激励千千万万个家庭培养孩子的强大的驱动力，并形成了一个普遍的社会现象：孩子还没出生，就在妈妈的肚子里接受胎教；婴幼儿时期，就开始接受各种名目的早教；小学低年级的内容开始逐步提前到幼儿园阶段学习；而小学，则开始出现向初中课程小步快跑的倾向。于是，孩子的大部分时间，要么是耗在各种各样的兴趣班、培训班或者补习班上，要么就是耗在去这些班的路上，而真正属于自己的时光则是少之又少。在这个过程中，还有部分家长甚至把自己很多没能实现的愿望也寄托在孩子身上。这样的结果是，孩子累得够呛，家长自己也不轻松。

其实认真想想，真的需要这样吗？回想一下，我们自己的童年，好像是和小伙伴们一起在大自然中痛快玩耍的时光要更多些。现在看看，我们自己不也都挺好的吗！今天在座的也不乏成功人士啊。所以，个人观点，可能我们只是太容易被这个喧嚣的环境绑架，以至于忘记了我们对孩子最初的期盼。我记得，在儿子呱呱坠地的产房外，当时闪过我心头的那个愿望真的很简单："只要孩子不多根手指头，也别少了哪样；只要孩子是个健健康康的全活人，以后怎样，都不重要。"不知其他家长是否也曾有过这样的念头。

关于"快乐为本"，这里有个真实的案例。前几年，我的一个做公司财务总监的同事，费了九牛二虎之力，终于让他的女儿进了中关村的某著名小学。但仅仅上了不到两年，他就把孩子转回了自己小区所在的一所普通学校。问他原因，他说不是因为孩子跟不上学校的学业或其他客观情况，而是他发现孩子在那里非常压抑，很少能感受到学习的快乐。当然，举这个例子并不是说这所学校不好，只是说，我们其实还可以有更多的选择。

说到这个问题，我觉得首先要弄明白我们让孩子上学的根本目的是什么。是为了让他们掌握那一大堆我们硬要灌输给他们的知识，还是为了让他们长大后能挣大钱、当个高级白领或大官，成为一个现在所谓的"成功人士"呢？我想，这都不是，也不应该是家长所追求的重点。孩子上学的根本目的，其实应该是为了在学习的过程中，不断去体验和感知各种领域与技能，从而最终找到属于自己独特个性的长处或兴趣所在，并在以后的人生历程中将自己的长处尽量发挥到极致。如能如此，他必将能在这个过程中感受快乐并最终收获成功。说起来，我们这一代人从某种角度来看，其实很多人可能并不清楚自己真正的兴趣或者擅长的是什么，同时也就已经丧失了感受快乐的能力。我自己似乎就是这样，不知道各位是否有同感。

所以，作为家长，我们平时关注的重点就是为孩子努力营造宽松的环境，并督促和陪同孩子在快乐中不断成长。只有快乐了，孩子才可能真正发现自己的兴趣所在，并潜心于该领域，也才能不断创新并真正有所建树。

（4）庄子悦妈妈为班级诗集《向日葵·爱》写序言。

孩子们，诗意地栖居吧

一个有诗意的、能在日常生活中发现美的人，是有福的。眼下的这个诗集，是向日葵班的42个孩子的习作，也是他（她）们在发现美的历程中，迈出的稚嫩而重要的一步。

拥有诗意的童心是美好的。拥有诗意的童心，能在一只小小的蜜蜂那感受神灵，能在一粒小小的尘埃里闻到芬芳。我们向日葵班的小诗人们，就拥有这样美好的童心。他（她）们用好奇的眼睛观察着，用质朴的童心探索着，用童真的话语表达着，就这样，他（她）们成就了这本小小的诗集。

童心是美好的，然而它却需要我们的呵护，才能快乐无忧地成长。在这个功利扰攘的时代里，我们——新教育的实践者们，要为孩子们筑造一个诗意的空间，让他（她）们在这个空间里，尽情地挥洒想象力和创造力，发现美好，并且创造美好。我们相信，一个拥有了审美情趣、体验了精神享受的孩子，长大后既不会百无聊赖，沉迷于鄙俗单调的娱乐，也不会一心求胜，在无休止的竞争中迷失自我。一颗善于发现美的、拥有诗意的心灵，将同时拥有充盈的生命热忱和恬淡的人生境界。他（她）将是奋勇搏击的，但他（她）也懂得时常放慢脚步，体味生活，关注他人，亲近自然，从而收获完整幸福的人生。

诗性的教育，对于完整人格的培育，是不可或缺的。时下的人们，往往注重知识的获取和理智的培育。这些固然重要，然而，要使孩子成为一个完整的人，一个能感受幸福的人，直觉、领悟力和情感能力的培育必不可少。诗歌的欣赏和创作因而是重要的：它能打动情感，激发想象，促进孩子灵性的成长。正是出于对诗性教育的这一共识，我们向日葵班的孩子们，坚持在晨诵、午读和暮省时欣赏古今中外的美好诗歌，坚持仿写和自创诗歌。

诗人荷尔德林曾经说过：人的一生充满辛劳，却仍然可以诗意地栖居在大地上。我们向日葵班的孩子们，才刚刚开启人生的旅程。祝愿你们在人生的旅途中，能感受美好，拥有诗意。

（三）家校之间"每周一文"交流。

当前家校联系的方式很多，常用的有家长会、家访、打电话、发微信、建立家校联系卡等等，总之，学校教育离不开家庭的配合。苏联教育家苏霍姆林斯基曾把学校和家庭比作两个"教育者"，认为这两者"不仅要一致行动，要向儿童提出同样的要求，而且要志同道合，抱着一致的信念"。怎样才能达到家校志同道合的目的呢？为了便于家长更加细致地了解孩子的在校生活，能更好地参与到教育中来，我向新教育榜样教师郭明晓老师学习，借助"每周一信"记录孩子在校生活。为了使每周一信有主题，我把每周一信变为每周一文。这是我们向日葵班特有的班主任和家长的沟通方式，我们称为"葵园中的蜜语"。从三年级下学期第一周开始，每周一文，到现在已经完成53篇，其中2015年全年的文章共40篇，已经入选首都师范大学附属小学童心教师系列丛书，书名《童心"桥"》。

班主任这样的每周一文，便于家长全方面了解孩子的在校生活，从而配合学校和班级开展各种教育活动，保持家庭教育与学校教育的一致性，使学生更健康地成长。

时光不会辜负脚步

1月29日，我们隆重开展了"朵朵葵花向阳开"期末生命庆典活动，朱永新老师、著名作家童喜喜、冉乃彦教授、新阅读研究所杨子湘老师、宋校长、史书记、工会孟主席等人参加了咱班的庆典活动。我们班荣幸地成为被关注、被关爱的班级。朱老师和喜喜老师从活动中欣喜地看到了孩子们的成长，对我们一个学期以来的努力和进步给予了肯定和鼓励，同时提出了一些建议和努力的方向。那方向，对于我们来说，就是——明亮那方。

1月30日上午，学校举行本学期结业仪式，9∶30放学。10∶00在咱班召开全体任课教师会，我们开始思考研讨下学期的行动计划。是的，一个学期的结束同时意味着新学期的开始，只有行动才有收获，相信吧，时光不会辜负脚步！

放假了，我们首先要策划一下，过一个充实美好的假期。

继续创作诗歌。喜喜老师说，咱班孩子创作的诗歌可以整理成册，出书，出真正的书，告诉我下学期就做这件事。出一本真正的书，标准和要求也自然会提高，只是仿写绝对不行。还记得王浚伊同学的《雨》、谢心欣同学的《捉迷藏》、钟辰的《猫》以及庆典活动中朗诵的那些诗吗？像这样有孩子独特的情感体验，能感受到孩子灵动的思维和丰富的想象的文字组合在一起，就成为美好的儿童诗了，我们要朝这个目标努力。这个假期，老师建议你们自主创作3～5首诗，而创作，一定离不开阅读，你们可以读雪野老师主编的《雨中的森林》，当然，也可以读其他的好诗。一边阅读，一边创作，一边绘画，充满诗情画意的日子会非常美好，并且，经过我们的努力，这种美好会传递下去。

继续阅读课外书。考试之后，绝大部分同学购买了老师推荐的米切尔·恩德的《永远也讲不完的故事》。这本书非常非常好，可是喜喜老师说，对于三年级孩子来说，有些难，很可能大部分同学都读不懂，可以暂时放一放，她建议换一换。于是，就在昨天晚上，我开始重新思考，结合新教育新阅读研究所的推荐和咱班孩子的需要，选定以下三本书：

文学：《亲爱的汉修先生》，美国，贝芙莉.克莱瑞（著），何倩华译。

科学：《奇妙的数王国》，李毓佩著。

人文：《图说中国节》，大乔编著。

我猜想，这些书有的同学早已读过，读过的同学自主选择图书阅读。不论读哪本书，别忘了填写好阅读记录单，假期的阅读记录单填写在已经下发的寒假作业本上，以方便老师查看和了解情况。孩子毕竟是孩子，他们还很需要我们的提示、指导、鼓励和督促，请父母和老师一起做好这件事。读完书之后，自己办一份阅读报，A3纸大小，开学后在班级墙报中展示。

继续在写作上下功夫。从这个寒假开始，我们进行"口头作文"的研究和实践。"培养卓越口才"是新教育的六大行动之一，我们进行"口头作文"的训练，是为了让孩子们思维敏捷，表达流畅，当众说话时能落落大方，有条有理。万事开头难，只要我们做起来，坚持做，就能看到孩子们在进步，在成长。这个假期，我布置了10次口头作文，听上去数量可能有点多，确实有困难的同学可以和老师联系，老师会针对个别同学的情况再思考。刚起头儿，孩子们不要拘束，留心生活，观察生活，可以从讲述听到的、看到的、读到的，身边的人、事、景、物等说起，哪怕只说了1分钟，只要行动，就有收获。开学前，从10篇"口头作文"中选出自己最满意的1～3篇抄写在作业本上，同时发送到班级博客中。开学后，每人上交一段口头作文的录音，我们集体分享。

下个学期，我们继续开展"儿童讲堂"和"孩子父母或其他长辈进课堂"活动，这是属于我们班的特有的美好时光，非常期待大家的积极参与，只要用心和努力，我们会体会到更多的美好。

教育的目标是让老师和学生共同过一种完整幸福的教育生活。新教育看重的不是分数，而是孩子是否成为善良、快乐的人，而分数是新教育中孩子能得到的额外奖赏。只有内心真正感到幸福和快乐的孩子，才会有创造力和想象力。新教育不鼓励竞争，而是鼓励和帮助每个孩子发现自己，做最好的自己。

朱老师还鼓励父母和孩子们一起成长。他表示，只有父母好好学习了，孩子才能天天向上。下个学期，我们会组织家长座谈会，可以谈谈如何指导、引领孩子阅读、做家务、知礼仪、和同学相处等等，用我们大家的智慧共同熬一锅美好的"石头汤"。

2015年，我有这样一个打算，每周写一篇文章（寒暑假除外），一方面记录我和孩子们的校园生活，方便大家了解情况；另一方面也通过这种方式鞭策自己不停地读书和练笔。做孩子们的老师，不只是在讲台上教书，更重要的是在行动中引领和提升。我想请大家也行动起来，像回信一样回应我的文章，说说您的思考、想法、建议等等。当然，不是每个人每次都要回应，一篇文章有两三位家长回应就可以（具体情况请家委会代表浚伊爸爸安排），其他家长可以随时在班级博客评论中给老师留言。咱班42个孩子，您每学期只需回应1次，其他时间自主留言，这样，我们大家就都能够参与到咱班的建设当中，同时也能多一个互动沟通的途径，更好地形成合力，为孩子们的茁壮成长助力。

时光不会辜负脚步。我们，正走在路上……

加油！

郭丽萍老师

2015年1月30日

部分家长留言：

张嘉迅妈妈：周末一大早就收到了老师的短信，能看出老师为咱们向日葵班真是起早贪黑。老师都这么兢兢业业，作为家长的我们，更应该把心放在孩子身上。谢谢郭老师！感谢您的贴心安排。正在给嘉迅制订假期学习计划，希望她每天都能够充实地生活，能够度过一个有意义的假期。

李卓衡妈妈：看了您的学习计划，真心感受到您的付出超过了我这做家长的很多很多。平时在家真的很少看书，没有给孩子做好榜样。新的学期我和卓衡一定紧跟郭老师的步伐前行。

王浚伊爸爸：感动和敬意！昨天下班前，郭老师电话与我谈起此事（学校已经放假了）；昨晚10点郭老师发了此文；今晨每位家长接到此事的短信。因为工作，因为此事，下午13时赶回家里，一边用餐，一边阅读思考，近两个小时，不能止。我与浚伊共勉：君子义以为质。为所当为，不求流行和时尚，能潜心修身，用力"志于道，据于德，依于仁，游于艺"。郭老师所言"时光不会辜负脚步，向着明亮那方"的确让我感动！

2015年12月，我的家校之间每周一文结集出版。

家校合作工作要点总结：

（1）成立班级家委会，定期交流。

（2）邀请孩子父母参加班级重大活动。

（3）发挥孩子父母的力量和资源，共同建设班级。

◇教师也应该具备家庭教育的相关知识

当前，由于社会上缺少支持家庭教育的专业力量，学校和教师就承担起了这个任务。在具体工作中，教师可以直观地看出学生的状态和问题，所以能够准确地分析和判断问题的成因和解决办法中，哪些与家庭教育有关。在这个前提下，教师才能够分清，哪些是学校集体有办法做到的，哪些需要从家庭教育的角度进行调整。而为学生的家庭教育提供帮助，也需要把握尺度和界限，要有恰当的方法。因此，了解学生的家庭结构和家庭关系，了解家庭不同成员的心理状态和需要，对于教师来说也非常重要。

比方说，一个非常易怒的孩子，经常伤害到其他同学，其他孩子的家长找上门来，要找这个孩子的家长评理。细心的教师通过了解发现，原来这个孩子在家庭中压力比较大，父亲常年不在家，母亲心情不好，性格暴躁，对孩子的期待又高，所以经常打他。同学之间相互逗闹的时候，他的压力就通过打其他同学释放出来。由于年龄小，又不会控制自己，所以他屡屡闯祸。

那么在这种情况下，为了改变这个孩子易怒打人的坏习惯，只是简单地将他交给妈妈去处理，显然不合适。他的妈妈会因为来自其他家长的压力而更加暴躁，压力又会传递给孩子，孩子的压力还是没处释放，最后还会打同学。于是老师安抚了对方孩子的家长，又请来这个孩子的妈妈，为她讲清孩子压力的来源。得到理解和同情后，这位妈妈认识到自己需要调整家庭关系，改变对孩子的教育方式。而另一方面，老师也帮助这位易怒的学生认识到自己打人不对，要为对方着想，要向对方道歉；更重要的是教会孩子一些控制情绪和安全发泄情绪的小技巧，帮助他改掉坏毛病。

我们看到，教师如果具备家庭教育的相关知识和经验，就可以在复杂的工作中理清头绪，处理好各方面的问题，最终有效地帮助到学生。

◇家校合作中要避免"越界"

我儿子刚上小学的时候，曾经带回家一种英语作业，就是类似绘本中的一页，上面有两个简单的句子，孩子背会，再请家长签字。那时候儿子发音相当不准，我几乎听不出背的是啥，但我还是给他签了字。其实我曾经是一名大学英语老师，很多人都建议我自己教儿子英语。但是当我看到儿子的作业时，忽然想，那些非英语专业出身的家长怎么办呢？他们不了解英语学习的规律，如果在学校之外用不恰当的方法去"辅导"孩子，会不会对孩子的学习产生负面影响呢？教师在给家长安排这样的"合作"任务的时候，有没有想到这方面的问题呢？

我一直在做一个"不负责任"的家长，幸好儿子学校的老师也很少给家长"留作业"。儿子背完我就签字，背了就行，我不纠正发音。写完的作业我也不检查，看到写错的，我也睁一只眼闭一只眼，假装看不见。儿子问我某个单词怎么写，我说我也不知道。儿子生气了，说："你不是英语老师吗？"我说："对呀，英语老师也有许多单词不认识，但是我会查字典。"于是我们一起尝试了查字典。后来我发现，在学校老师的教学中，儿子该学会的都能学会，该注意的也都会注意。他没别人可指望，就安安心心地靠自己，习惯和成绩都不错。

我又在想，我们的老师有责任告诉家长，到底应该怎样配合他们，对孩子来说才更有益处。当老师要求家长要对孩子"负责任"的时候，需要考虑到家长会怎样去"负责任"。多数家长不是从事教育行业的专业人员，更不了解孩子发展的不同阶段的不同需要，尤其是在教学当中的体现。我见过一些爷爷奶奶陪孩子写作业，看见一个字写错了，就扑上去纠正，时常打断孩子。还有的父母像监工一样盯着孩子写作业，写完就拿走检查，出错就是一顿数落。更有许多家长能够耐心陪孩子做作业，有写的，有读的，有背的，完成一项又一项检查，再一一用各种先进的通讯方式传给老师，算是交差。但背后怨声载道：孩子上学，怎么好像是我变成了老师，怎么我比孩子还累？而且，这种家长一旦变成"家庭教师"，孩子自主学习的能力反而总也发展不起来，孩子不会为自己的学习负责任，他们觉得学习是家长的事情，自己是被家长和老师逼的。这也是学生厌学的原因之一。

所以我们建议教师，要注意到自己的教学工作与来自学生家长的参与和支持这两个方面的界限在哪里，不要"越界"。教师要不要给家长"留作业"？如果留，应该怎样留？要做好这一点，教师需要注意以下几个方面：

第一，努力提高自己的学科素养，掌握本学科的学习规律是根本。

有一些教师认为大量重复练习是学习的唯一办法，在学校练得不够，便安排学生回家接着练。这种认识是对教育规律的简单化，是缺乏教学技能和思考的表现。教师需要了解家庭教育的特点，了解儿童发展的基本规律，如果需要家长参与提高孩子某方面的学业能力，可以设计适合家庭的活动项目，例如在前面第一章中提到的各种游戏；或者带动家长参与某个主题项目，比如带着孩子去一趟动物园，回家后一起编一个动物童话故事。

第二，明确告知家长，家庭作业的监督尺度在哪里。

孩子还小，回到家写作业，的确需要家长实施一定的监管。如今教师都会将作业内容，包括一天的教学内容，以短信或微信等形式发给家长，似乎家长知道得越多心里越踏实。然而正因为这样，也造成一切都由家长安排和提醒，孩子自己什么也用不着记录，用不着操心的现象。因此，教师需要与家长有明确的沟通，提醒家长，监督孩子写家庭作业，不是替孩子记作业，也不是替孩子检查作业，更不是替老师批改作业，而是看孩子是否认真努力地完成，是否写得比较干净工整，能让人看得清楚。老师发的内容家长心里有数就好，不要都告诉孩子。检查作业是孩子的事情，批改作业是老师的事情，各司其职，才能让学生更好地为自己负责。

第三，教师不可以单方面从学生家庭作业的结果中判断自己的教学效果。

如果教师不掌握学生回到家是通过怎样的方式写好作业的，就不可以单方面确定和评价自己的教学效果。因为孩子做作业的时候，许多情况下是家长在帮忙，帮忙的方式各种各样，有的可能是符合孩子认知规律的，有的可能不符合，甚至也不乏包办代替的。也有家长给孩子报了辅导班，请了辅导老师。这些帮助之下所呈现出来的结果可能都是正确的，比较完美的，但是教师如果觉得这样减轻了自己的教学辅导负担，那就是盲目满足了。因为这样下去，学生会更加依赖家长和课外辅导，反而降低了上课的效率；而教师会因为不能客观评价自己，不能在教学上有所反思和进步。

曾经发生过这样的事情，有学生刚入学时很认真听老师讲课，积极参加课堂活动，后来莫名其妙地不认真了。老师了解了他的学习情况后，发现有的知识他的确已经会了，但有的仍然不懂，并且知识体系并不明晰。再问家长，原来是请了家庭教师，给孩子提前教了很多东西。孩子在课堂上发现老师讲的东西已经会了，就不好好听课，也没兴趣参与课堂活动。但其实孩子得到的知识是支离破碎的，这种课外辅导并不利于孩子知识体系的建立，反而减少了孩子的好奇心和自主学习的动力。于是老师劝家长停止了这样的家庭辅导。

学校是教育专业机构，教师是进行教育教学的专业人员。因此教师要明确自己的职责，要不断学习探索，加强自己的专业性；还要引导家长客观地认识孩子的发展状况，不要拔苗助长，也不要置之不理。帮助家长用更加合适的方式支持孩子，为他们明晰家校合作的"界限"。这个"界限"，是基于教师深厚的教学功底和良好的沟通能力才可以理清的。

第九章

小学阶段应为初中做好哪些准备？

人是一个整体，因此培养人也需要有一个连续的整体计划。就如同不论我们教师教几年级，都必须了解各个年级的教材，才能清楚现在教的这个年级，怎样才能和上下年级衔接好。因此小学教师也需要知道，小学与初中的教育应如何衔接好。其中，少年期出现的问题，究竟与儿童期有什么关系，就是教师需要认真对待的一个衔接问题。

◇少年期并不必然成为危险期

当前少年期发生的问题，多数属于"回炉"再教育的性质。所以，当务之急，我们首先应该树立一个认识：少年期并不必然成为危险期，是儿童期决定了少年期。苏霍姆林斯基曾经指出："有人认为，少年期具有某些天生的、不受教育支配的年龄特性，因而教育上出现困难是不可抗拒的。现在这种说法的实质逐步清楚了。我越发相信，少年的道德面貌取决于他在童年期所受的教育如何，取决于从出生到10～11岁这个年龄段，给他的心灵里输入了什么。"

另一个严重的教训是，儿童期教育如果进行得过于简单，少年期必然会出现更多的问题。苏霍姆林斯基回忆道："我研究了有违法犯罪少年的460个家庭的生活，发现了这样一种情况。家庭中的知识、美育、道德爱好和要求越贫乏，孩子犯罪的程度就越重，他缺少人性、残忍、愚昧的程度就越重。在这些违法犯罪的少年的家里，没有一家有家庭藏书，哪怕是少量的。"

因此，苏霍姆林斯基的结论是："对少年期教育的困难分析得越多，我对一条简单而又重要的规律的真实性就越发坚信不疑：在儿童期教育进行得过于简单的地方，对少年的教育就困难。"

更重要的是，我们在行动上，不要消极、被动地等待少年期的到来，要主动、积极地在儿童期开展工作，最主要的是为孩子打下人生的根基。如果在儿童期掉以轻心，问题积累起来，到了少年期，不良品德习惯已经转化成道德意识，改变起来就加倍困难。

◇人们误解了儿童期的教育

人们不仅不了解儿童期决定了少年期的道理，同时又不了解儿童期的真正性质、特点，并对此有许多误解。

一是人们误以为儿童期就是长身体。

传统的早期教育只满足孩子的身体发展需要，尤其是文化水平不高的祖辈抚养孩子，表现更为突出。过去，西北地区有一种陋习：孩子小时候，把他装在一个装满沙子的布袋里，吃喝拉撒睡都在里面解决。结果这种"沙袋儿"智力发展普遍低下，造成了难以挽回的损失。

之所以产生这样的误解，是因为幼小的孩子还不会全面表达自己的需求，成人只看到孩子要吃、要喝，就尽可能满足他。其实孩子虽小，但是他和成人一样有完整的认知、情感和意志系统，只不过还不完善；对德智体美的需求一个都不少，只不过还不会明确表达。

二是人们误以为儿童期的教育主要是让孩子听话。

中国传统教育中，特别强调听话教育。这点延续了过去封建时代愚民教育的要求，严重地影响了孩子作为一个人，发展自主、自觉的本质。

幼儿时期，孩子心理发展不成熟，他们要成长，就需要遵循着他律与成人相处；儿童是弱势群体，他们也没有力量对抗成人的错误。这就更容易使成人产生误解，更助长了成人把听话教育发挥到极致。

三是人们误以为儿童的思想很简单。

其实儿童的思想并不简单，处在萌芽状态的各种心理机能和心理需要都存在，只不过由于不成熟，发展得还不完善，让人们误以为儿童的思想很简单。更重要的是，儿童的思想飞快地发展，如果成人稍加忽视，用一成不变的眼光看孩子，就很容易错过他的敏感期，造成终身的遗憾。

◇儿童期应该做好哪些准备？

人生的根基是在儿童时期打下的。这些扎根教育，不要误解为仅仅是举办一两次教育活动，更不是口头说教，最重要的是优化生活环境，尤其是父母和教师的身体力行与榜样作用，对孩子的成长产生着刻骨铭心的影响。正像苏霍姆林斯基说的："如果您想成为一个真正的教育者，请您向年轻的心灵展现人的美，首先展现您自身的美，这是很重要的。"

在儿童期需要打下的人生的根基主要有以下几方面：

一是同情心和审美感。

在儿童期，应该培养和发展孩子对一切有生命的和美的东西的同情心与怜悯心。

苏霍姆林斯基说："在分析导致个别少年违反我们社会道德准则（有时甚至导致他们道德堕落）的原因时，我们发现，在童年期、少年期和青年早期，这些人的情感活动和审美活动往往过于贫乏。"

粗鲁能唤起人们内心深处的低级本能。俗话说："学坏容易学好难。"那是因为坏行为往往属于低级本能，不需要经过努力，天生就会；而好行为则必须通过后天的努力，经过细腻的审美教育才能形成。

孩子如果从小生活在打架骂人、虐待小动物等粗鲁行为的环境中，或者生活在整天谈论"钱与权"的环境中，怎么可能会产生善良呢？

和同情心这种高尚感情相联系的是审美感。小学阶段正是情感越来越丰富和深化的时期，学生对美十分敏感，这种敏感期务必不要错过。在儿童期要培养儿童欣赏美、表现美、创造美的情感和能力。

审美感需要在实践活动中培养。苏霍姆林斯基曾说："劳动中的审美情感的第一个源泉，就是美的创造。在'美丽角'中，在劳动的节日里，在校办工厂里，在实验园地上，到处都在创造人的美。"

二是为他人创造幸福的自豪感。

儿童能够为别人创造欢乐，并由此而感到幸福和自豪。

苏霍姆林斯基曾经指出："当一个人感到自己是创造者的时候，他就竭力想变得比现在更好。人在童年，在即将成为少年之前，就意识到自己的创造力和才能，这意义是非常重大的。这个自我意识，也就是个性形成的实质所在。"

爱自己的父母，爱亲人，应该成为儿童的精神需要。而这种爱，不是口头上的，应该表现为一种为别人贡献自己的力量的强烈愿望。然后，根据自己能力的大小，选择适当的方式，积极地把愿望变成行动。无论是给爸爸倒一杯水，还是给妈妈捶捶背；无论是让水温适宜，还是让捶背力度恰当，都传递着孩子的爱心。这些都是儿童在为别人创造欢乐，并由此而感到幸福和自豪。

孩子对父母的爱，应该继续扩大到更多的人，爱老师，爱同学，爱邻居……

而溺爱恰恰在做与此相反的工作，溺爱使孩子心中只有自己，他的行为会越来越让更多人反感，因此没有一点自豪感。

苏霍姆林斯基说："如果一个人不亲身去做好事，那么他就不能在意识中积淀、确立善的观念。生活千百次地向我们证明，训练儿童向少年期和青年期过渡的工作，离开劳动是不行的，但这应当是一种特殊的劳动，它应能使心灵最细微的活动具体化。"

苏霍姆林斯基非常重视培养儿童为他人创造幸福的自豪感，他写了1200多个儿童故事，引导孩子们从小扎下善良的根。

奶奶，让我来陪伴您

在村边，住着一位马琳娜老奶奶。

玛丽和妈妈住在老奶奶马琳娜家的街对面。

妈妈经常对小玛丽说："老奶奶她什么人都没有了，孤身一人。"

玛丽早上起来，会到院子里去看望老奶奶。老奶奶坐在椅子上，晒着太阳，目不转睛地盯着她的小玛丽。

玛丽奔向老奶奶，问候道："奶奶，您好！"

"你好，小玛丽。""坐在我旁边，孩子。"

玛丽高兴地顺从着老奶奶。

玛丽稍微坐一会，听了一个小故事，但是又不想长留。

草地在召唤，那里有多少蝴蝶飞来飞去；小河也在招手，水是温暖的，岸上还有干净的沙子。玛丽还想到那里去。

奶奶叹了口气。

"奶奶，您叹什么气啊？"

"因为没有人和我说一句话。我是孤零零的一个。"

"奶奶，我会陪伴您的。"玛丽悄悄地和奶奶耳语，使劲地亲吻她的皱纹。

"好了，我的宝贝。"奶奶微笑着。

晚饭后，玛丽走到树林中嬉戏，观赏蝴蝶。然后跑过来对奶奶断断续续、叽叽咕咕地说："奶奶，我不会忘记您，我是您的。我只要一走到草地上，就想到了您。"

三是关心集体、关心祖国的命运。

我们要在家庭和学校集体中，培养儿童关爱他人，关心集体，关注祖国命运的品质。苏霍姆林斯基曾经指出："少年时期教育的困难恰恰在于，我们很少教育儿童把自己看作是，理解成是集体、社会和人民中的一分子。"如果在儿童期，我们的教育只是围绕着学生的分数、升学等所谓的个人前途，根本没有关注他人、集体和祖国的命运，那么他们到了少年期，就不可能逐步形成正确的人生观。

事实证明，孩子所接触的周围的复杂关系，对孩子的影响尤为深刻。如果家庭中反复教育"事不关己，高高挂起"，孩子怎么能拥有善良品质和感恩之心？到了少年期不逆反才怪呢！

以热播电视剧《小别离》为例，故事中不论是学生、家长，还是教师几乎从来不谈国家、集体的命运，反反复复、絮絮叨叨的都是分数、成绩、好学校、个人前途……

苏霍姆林斯基说："儿童所处的环境应该是道德财富具体化了的环境……意思是：学生每跨出一步、他所做的每一件事情、他用来满足自己需求的每一个行动，都能在别人身上得到反映，能够给别人带来好处，减轻他们生活中的困难，使他们的精神生活丰富而有意义。"

如何使儿童生活的环境成为"道德财富具体化了的环境"？方法就是优化小环境。苏霍姆林斯基指出，儿童教育有两个源泉：第一个源泉是预先计划好的教育工作。另一个教育源泉同样相当重要。这个源泉在童年期尤其起特别重要的作用。这就是儿童周围的复杂的人际关系。在这个环境中，各式各样的社会思潮不但反映到儿童意识中，也反映到潜意识之中……儿童意识和潜意识中，这种在实质上与教育者的教导相互矛盾的信息反映得越多，儿童的理智就变得越发软弱无力，无法抵御那些错误思想的影响。因此在儿童期，我们更要有意识地优化小环境，也就是学校、班集体和家庭环境。

四是高度的智力修养。

儿童期应该尽力丰富孩子的知识，对其进行智力修养教育。

首先是阅读。苏霍姆林斯基说："在低年级我们很重视培养阅读、书写、推论、观察和表达思想的能力。如果这些能力在少年期未能得到发展和强化，少年学习起来就会感到很困难。""为什么有的学生在童年时代聪明伶俐、理解力强、求知欲旺盛，而到了少年时代，在自己的智能发展方面却很有限，对知识不感兴趣，惰性十足？这是因为他不会阅读。"

本书中介绍的"向日葵"班的学生，从一年级到四年级，在郭老师的引导下，进行了大量的阅读，这个班的孩子从各方面来看，都发展得比较好。

怎样发展儿童高度的智力修养——发展思想、感情、感受？苏霍姆林斯基说："当一个人认识周围世界，认识人类的过去和现在，认识祖国的物质财富和精神财富，认识本民族精神以及艺术珍品，特别是文艺作品的时候，这种智力修养更能激发他的内心世界。"

儿童时期应该打好智育的基础，那就是：让孩子通过实践活动，以自己亲身的体验，获得大量丰富的感性知识。如果童年期整个生活都围绕着分数、考试，那么只能练就应试的本领。

学校里学习的多是间接经验，如何丰富孩子的直接经验？一位优秀学生的家长分享了一个朴素的经验。

三次买车的故事

小佳刚生下来的时候，我们生活条件很不好，院子那么小，又盖了好多小房子，一眼看不了多远。

我们院里有一个小孩跟小佳差两岁，他奶奶给带着，平时要不就是站在大门口，要不就是站在大马路上，那个小孩就显得有些呆，因为没有一个活动空间。

于是，孩子生下来后，我们就买了辆小三轮，有时间就骑上小三轮带小佳上公园，他看到花儿、草儿，就很高兴。这点我觉得没白努力，他思路开阔了很多。

他一岁多的时候，1997年我买了一辆奥拓，为了让孩子开阔眼界。当时我们也不是特别富裕，咬牙买的，七万多块钱。我每个周末都带着他去玩儿。北戴河、天津、塘沽什么的，反正就是开阔眼界。随着我们的活动半径增大，活动次数的增多，孩子思维的活跃程度，处理问题的方式都不一样了。有时候，他会说"爸爸，我给你提一个问题"，我觉得其他孩子很少这样，小佳会没完没了地问。

这个车我用了七年，我觉得价值特别大。通过外出游玩，孩子变化很大。

五是培养"慎独"能力。

苏霍姆林斯基说："独自一个人时的诚实，是对人们、对社会尽责的表现，这是在童年期和少年期必须培养的重要的道德特征。"

"如果你能使儿童在独自一人时也能有羞愧感，能为自己不道德的行为而感到自我羞愧，如果儿童迫切希望成为一个比现在更好的人，如果在他的意识中，不仅仅有什么更好、什么更坏的概念，而且这些概念已经成为他个人的信念，这时就意味着您看到了自己教育工作的成果。"苏霍姆林斯基就为孩子们写过一篇有关羞愧感的故事。

面对夜莺感到羞愧

两个小姑娘，奥莉娅和莉达，到树林里去玩儿。走过一段令人疲倦的路程，她们坐在草地上休息、吃饭。

她们从包里拿出面包、奶油、鸡蛋。当小姑娘吃完饭时，离她们不远处一只夜莺唱了起来。沉醉在这美妙的歌声里，奥莉娅与莉达坐在那里，一动也不动。

一会儿，夜莺停止了歌唱。

奥莉娅收起自己吃剩的东西和撕碎的纸片，把它们扔到灌木丛里。

而莉达则把蛋壳和面包屑裹在报纸里，放进包内。

"为什么你要把垃圾带回去？"奥莉娅说，"把它们扔进灌木丛好了。要知道，我们这是在树林里，没有人会看见的。"

"可当着夜莺的面……我感到羞愧。"莉达轻轻地说。

诚信是做人的基础，在充斥着假货、谎言的大环境中，家庭如果再没有远见，不能坚守诚信的底线，孩子怎么可能对社会、对人生充满信心呢？

培养儿童的自觉性，还需要慎重地对待惩罚，应该说最好的惩罚是自我惩罚。

苏霍姆林斯基说："惩罚并不是什么不可避免的手段。哪里充满了相互信任和热诚的气氛，哪里能够使儿童从小就深刻地感觉到他与周围人的同思想、同甘苦。哪里能够使儿童刚一懂事就开始学习控制自己的欲望，哪里就没有进行处罚的必要。一个人具有高度的修养，这是从根本上消除处罚的必要前提。"

六是健康的身体。

最后，健康是人生根基的根基。没有一个健康的身体，就好像一串"零"前面没有1，再多"零"也没有实际意义。

拥有健康的身体，最基本的是要有科学的作息时间；要养成良好的卫生习惯；合理营养，不偏食；积极参加体育锻炼，保证每天一小时的锻炼时间。人们对健康重要性的认识是一致的，关键是落实，而落实就是坚定地让孩子全面发展，而不是屈从应试教育。

在小学阶段，只有把以上每一项教育工作都仔仔细细地做到位，才能称得上做好了童年期的准备。

◇ 如何看待小学生的性教育？

1. 青春期性教育从中学开始做，已经晚了

国家"十一五"科技支撑计划的流行病学调查数据显示，儿童性发育的时间又提前了，从原先普遍认为的11～12岁开始发育，提前到女孩平均9.7岁，男孩平均11.3岁。2015年北京儿童医院青春期发育门诊专家和北京海淀区两所重点小学、西城区某小学联合做了一项学生青春期生理调查。参与的学生共有1500多名，来自三所小学的四、五、六年级。其中，有

50%的女同学月经初潮在六年级前就来了。儿童性发育的开始，也意味着众多家长和教师"谈性色变"的青春期展开了前奏。也就是说，青春期性教育，如果到中学再开始做，已经晚了。

2. 虽说性教育由家庭教育"唱主角"，学校也应起到重要的引导作用

性教育从狭义上说，是关于人类的生殖、生活、生理需要、交媾以及其他方面性行为的教育，其中包括受孕、胚胎与胎盘的发展，以及妊娠和分娩，也包括如性侵害、性交传染疾病（性病）和预防，以及避孕。从广义上说，性教育包括人的性别角色认同，生命延续的意义和价值，不同性别的社会角色与社会责任，如何表达和接受爱等方面，是生命教育和情感教育的一部分。

性教育是件隐私的事情，而且是贯穿人一生的话题，虽重要，却常常让人难以启齿，所以家庭的确是性教育的"主阵地"。当一个人还是小宝宝的时候，可以通过与妈妈或爸爸一起洗澡，来观察和发现自己与他们的相同与不同，从而明确自己是个男孩还是个女孩。随着孩子长大，可以通过观察父母的生活和行为方式，以及情感表达和沟通的方式，直观认识到男人和女人社会角色与社会责任的不同。当孩子进入青春期，感受到自己生理和心理上的变化时，向自己的父母倾诉和求助，也是最安全和方便的。

然而实际情况是，家庭性教育存在空白。许多家长在孩子提出有关性的问题时采取欺骗或是回避的态度，所以许多孩子都以为自己是从垃圾堆里捡来的。而当孩子对性器官、性行为等方面好奇的时候，家长就会如临大敌，遮遮掩掩，用"等你长大就知道了"之类的话搪塞过去。孩子不能从正常的渠道了解性知识，就会通过其他非正常渠道去了解，比方说黄色图片或者色情网站等，有的孩子还会通过窥视异性身体来满足自己的好奇心。

随着时代的发展，学生青春期出现了种种问题，家长常常处于无助的状态，因此对学校青春期性教育提出期待和要求，他们希望学校能够对学

生传播和普及正确的青春期生理卫生知识，希望学校可以为家长提供相关方面的指导，希望学校能够开展符合学生青春期特点的教育活动。

3. 怎样看待和引导集体中异性学生之间的相处？

孩子在小学阶段变化非常大，我们能够直观地感受到，一个一年级的孩子和一个六年级的孩子，不论在外形上，还是在思维情感上，都有非常大的差异。

一年级的男孩和女孩会几乎没有隔阂地一起游戏，有时候还会亲密地互相抱抱，表现出两小无猜的可爱样子。但是到了二年级，男孩和女孩就分开玩儿了，因为男孩更爱追跑打闹，或者玩球类、下棋、纸牌一类的竞技性游戏。女孩则更喜欢几个人抱成团儿叽叽喳喳，玩角色游戏，或者跳格子、打沙包这一类淘汰出局的游戏。这种现象越来越明显，一直会延续到三四年级。男孩和女孩之间玩的游戏规则不同，互相不容易理解，又懒得解释沟通，所以还不如各玩各的。

然而正因为差异的出现，才会慢慢产生好奇和吸引。所以男孩女孩之间开始有了朦朦胧胧的好感，也会有一些莫名其妙的互相嫌弃。学生之间会传"谁和谁好了""谁在追求谁""谁是谁的男（女）朋友"之类的莫须有的消息。如果追问"谁和谁"到底是怎么回事儿，他们就傻笑，根本说不清楚。这个情况和高中时期真正谈恋爱的学生的认识与理解有很大不同，而更像学舌的小鹦鹉，光说不练，也不懂。

"老师！帮我告诉她，我喜欢她！"

又是一个开学季！我带的这帮小家伙儿，已经成为三年级的小学生了！看着他们像吃了"增长剂"似的迅速长高的样子，我好是欣喜！但同时，又多了几分担心，因为他们已经是中年级的孩子了。这个阶段是孩子情感发生变化的转折时期，从情感外露、浅显、不自觉向内控、深刻、自觉发展。但在学习和人际交往中，他们的情绪控制能力有限。由于交往范围扩大，认识能力不断提高，孩子遇到的各种困扰也随之而来，开始产生不安情绪，需要家长悉心陪伴和耐心引导，及时帮助孩子解决问题。老师要做孩子"零距离"的心灵朋友，保护好他们"脆弱"而又"狂野"的小心灵。此时老师要根据孩子的特点，有"心计"地去解决"问题"。最好一箭多雕、长远地发挥其神奇的"功效"，即对孩子有深远影响！

　　开学的第一天放学时，我们班的一位帅小伙急匆匆地找到我说："老师，您帮我个忙！我喜欢×××，您帮我告诉她！"我急忙问："你怎么不亲自告诉她呢？"他诡异地说："我不好意思！"说着捂着嘴笑了，看着孩子那信任我的目光，我顿时答应："没问题！"正赶上周末，等到周一上学，他迫不及待地找到我说："老师，我托您的事儿，不行我让同学帮我转告吧！"我笑着问道："你决定了？"他刚点头转身走出几步，又蹿了回来说："不行，于老师，这事儿还是请你转告！你是最靠得住的人！"我想我不能白传这个话，我一定在这次传话的过程中让他俩各自得到成长！

　　下午我找到了那个女孩，非常兴奋地对她说："宝贝！告诉你一个好消息，×××说他喜欢你！"此时女孩很平静，于是我说："你知道他喜欢你什么吗？他喜欢你的宽容大气，喜欢你的乐于助人，喜欢你对待学习的严谨、乐于吃苦的态度！更喜欢你坚强、勇敢、不娇气！"这时，女孩眼里闪着欣喜的目光，高兴地说："我也喜欢他！"我说："孩子，被人喜欢是一种幸福，你只有一直不停地努力才会有更多的人喜欢你！"女孩使劲儿点点头……我又找到男生说："宝贝，我把你的悄悄话转达给了×××，他说她也喜欢你！你知道她喜欢你什么吗？喜欢你在球场上的勇于拼搏，喜欢你从不爱斤斤计较，喜欢你上课越来越会听课了，喜欢你各方面都成长得特别快！更喜欢你在玩耍时都会和同学保持安全距离！"这时，男孩已经膨胀得不要不要的了。

　　谁都知道：人无完人，金无足赤！就在我互相传话的过程中，我把"喜欢"给具体化了，甚至可以说"换药"了！又有谁知道，我传的话里有话啊！有些确实是孩子的优点，有的却是孩子需要进步努力的方向！如"女孩稍有娇气""男孩稍有浮躁"等等。传话后，经过近一个月的观察，我发现他们两个各自在自己的"短板"上有了明显的进步！男孩听课、写作业认真了很多！女孩不再那么娇气，没有掉过一次眼泪。后来这件事在班上被同学提起，女孩很有压力，还敞开心扉找我求助、减压。我在班中平息这件事后，两个孩子似乎又成长了许多！他俩更大气、更稳重了，心中更能承受"压力"了。后来男孩也跟我说："人要会保守自己的秘密！"

其实，小学阶段的成长极其重要，30年后孩子身上影射的往往是小学阶段的"成长"。但愿我这次不像老师的作为，能给孩子带来深远的影响！我还会给他们更多的影响……愿他们真正学会喜欢一个人、爱一个人！成人后，有一个积极健康的朋友圈，有一个幸福美满的家庭……

可以看出，这个阶段的"喜欢"和爱情还有很大距离，但是能够喜欢一个人，为了这种"喜欢"去努力做更好的自己，是我们教师和家长应该保护、引导和培养的珍贵情感。

不过随着学生进入高年级，他们的身体和心理发生了微妙的变化。女孩比男孩性成熟早一些，开始关注青春偶像，互相交流服饰和明星信息。学生的情感变得丰富和敏感起来，容易感动，情绪多变。其实从四年级开始，学生的情感体验能力就具备了一触即发的潜能，如果教师为学生创造条件，引导他们感受和理解亲情、友谊等更加密切的情感，会促进他们精神的丰富和成长。班级中组织歌舞表演、诗歌写作、戏剧表演等文化活动，都是比较有效的方法。

这个时候，外界环境的刺激往往会乘虚而入，如满大街的性保健品广告，生殖医院、诊所充满性暗示的招牌，网上的各种色情图片和视频，包括成人在孩子面前口无遮拦的"荤段子"……不过，五、六年级的学生开始学会主动进行自我发展的目标选择，也就是说，有目标地塑造自己。而目标常常是同学之间某种高水平的兴趣活动，班上如果有几个领头的学生，班级里的其他学生就会在一个阶段，跟风投入到一件事情里去。比方说，听某种流行音乐、玩某个网络游戏，或者传看某部小说。我们的教育，如果想要从外界不良刺激那里"争"回我们的学生，仍然需要在班级文化建设上下功夫。比方说带领学生欣赏高水平的艺术作品，包括小说、戏剧、电影等；组织各种竞技活动，如演讲比赛、辩论赛、体育比赛，或者编排音乐会、话剧等。在组织学生劳动的过程中，安排男孩子干力气活儿，女孩子干细致活儿，引导他们讨论各自的差异、优势以及分工与合作。

不同学生的家庭环境、成长背景和所处的社会环境的差异，会造成孩子在性发育过程中的不同表现，例如有的学生会收集色情图片、自慰、偷窥，程度比较重；有的学生比较容易转移注意力，尽管好奇也不大沉迷。建议我们教师看到或听到自己的学生存在这种现象时，要淡化处理。也就是说，一方面不要大张旗鼓地严厉批评，因为这会给孩子造成对于性的羞耻感和负罪感，不利于孩子将来的性心理发展。另一方面平静自然地给学生传递正确的生理卫生知识，并告诉他们不要将色情图片继续传播下去。

4. 怎样与家长沟通发生在小学生中关于性的敏感问题？

家长对于孩子性发育的问题似乎更加敏感，谈"性"色变。如今因为"性早熟"的话题很热，所以医院里带孩子进行有关检查的家长络绎不绝。由于家长自己在认识上的误差，他们过分的关注往往会给刚刚进入青春期的孩子带来额外的压力。

曾经有一位四年级男生的妈妈，因为发现孩子在浏览同学发来的美女图片（是比基尼，还不是裸体），就噼里啪啦地打了孩子一顿，然后自己开始慌慌张张，到处咨询，觉得孩子学坏了，要出问题。也有女孩子的家长严密地"监视"自己的女儿，限制孩子正常的交往，给孩子传递"做女人很麻烦，男人没有好东西"的观念。其实家长所困扰的，更多是性道德的问题。这与我们国家的历史文化背景有关系，对于我们成年人来说需要梳理和反思，但是对于10岁上下的孩子来说，提到这个层面还为时过早。

所以我们建议教师自己首先要了解性生理、性心理、性道德的有关知识，端正自己对于两性关系的态度。当孩子身上存在一些问题需要与家长沟通的时候，教师也要先给家长传递正确的、客观的、正向的信息，缓解家长的焦虑，指导家长用恰当的方法去陪伴和帮助孩子。

前面提到的那位四年级男生的妈妈，经过了解，知道她是一位军嫂，也就是说，她的丈夫长期不在身边。对于儿子的成长，她作为女性来说其实心里没有底。于是我们建议她要学会求助自己的丈夫。此外，基于人正常的生理需要，对于性的好奇没有什么大不了，自己看看图片是可以的，心里想想也是可以的，自慰也是可以的，只要没有过于沉迷，影响到身体健康和正常的生活，没有对别人实施性侵害，就是正常的。经过帮助，这位妈妈说她心里踏实多了，对自己打孩子的事情感到羞愧不已。

此外，教师要与家长联手，尽量减少外界不良信息对学生的干扰。比如限制上网，注意不要让孩子接触到带有误导性质的宣传品，同时给孩子正确的、健康的性教育信息和自我保护的方法。

5. 高年级小学生的生理卫生教育怎样做？

英国儿童十大宣言中有这样一条：背心、裤衩覆盖的地方不许别人摸。非常具体地传递给孩子怎样保护自己，避免性侵害的方法。这对于小学生来说十分直观有效，值得借鉴。

生理卫生教育当然也要联合家庭共同进行，这样效果更好。所以，如今许多学校为家长安排了专业的青春期性教育的讲座，指导家长用正确的、科学的信息和方法来帮助孩子。

推荐适合的科学读物给高年级的学生，在当前是一个好办法。当然一定要选择权威出版社出的高质量的图书，引导孩子们自学，然后进行一些必要的辅导。

对于高年级小学生来说，通过绘本和漫画可以了解男性与女性在生理构造上的差异，对于生殖健康、怀孕、生育过程，以及避孕、防止性病传播、防止性侵害等方面的专业介绍，他们都能理解。其实关键在于讲述者自己的心态和状态，如果教师本人是坦然的，心中不尴尬，并且能够引导学生去理解生命孕育的不易与美好，去感恩自己的父母，以及对生命的敬畏和保护自己，生理卫生课就会变成具有深度的生命教育课，学生会非常受益。

因此对于开始性发育的学生，我们应当祝福他们，因为他们即将开启人生的新篇章。拥有性能力，就拥有了延续生命的能力，就要肩负更多的责任。他们将来会当爸爸或妈妈，要引导他们以此为傲。

第十章

小学教师怎样规划自己的人生？

教师是一种特殊的职业，教育更是一种特殊的工作。教学相长，教师需要通过工作实践与思考，不断验证自己的所学所做所想，深化自己在专业领域中的认识和感悟。不论从具体的操作层面，还是人生观、世界观、价值观导向的层面，教师都有无穷的潜力可挖。教师在培养学生的过程中，亲历一个个鲜活的生命一点点长大成熟，这是感悟人生、提升自我的绝好体验，也是教师个人自我成长的绝好机会。能够从教学工作中感受到幸福的教师，一定是对孩子充满好奇，对人生不懈探索，不停学习，不断得到自我成长的教师。

◇ 做教师是你自己的选择吗？

曾经有一位年轻的小学教师，说自己毕业后工作了一段时间后，发现工作内容琐碎之极，无聊之极。当时，每天上班走到校门口，听到里面传出孩子们叽叽喳喳的声音，她就觉得头疼，不想进去。她把这种心情告诉了自己的父亲，父亲用那一代人惯常的逻辑回应她："这是你选的专业，学的就是这个，就要干到底。"幸运的是，她渐渐地度过了那一段"磨合期"，接受了现实，并且找到了工作的乐趣。

不少师范专业出身，后来转行从事其他职业的人大都比较明确地说自己曾经太年轻，选择专业时并不了解自己是否适合，当时主要是听从了学校和长辈的安排。后来放弃做教师，也并没有觉得遗憾。还有许多非师范专业出身的人兜兜转转地当上了教师，他们喜欢教育工作，喜欢学校环境，乐得其所。

如今这个时代，人们对于职业的选择，有了更大的自主权。当然，每个人在选择的时候可能都出于一定的原因：有的人认为教师行业比较稳定；有的人认为教师行业比较单纯；有的人认为自己干不了别的，只会当老师；有的人就是喜欢小孩；有的人认为教师职业意义非凡，可以实现自己的人生价值。

但是，凡是从教师职业当中得到幸福感和意义感的成功的教师，都有一些共同的特点：他们有勇气对自己的选择负责到底，他们发现了教师职业的特殊意义，并将这种意义与自己的人生意义有效地连接起来。他们发现做教师可以督促自己保持健康良好的生活方式，约束自己的谈吐和行为表现等。他们还发现做教师意味着不断学习充电，不断更新观念和反思自己，于是不停读书学习，不停地从与学生的互动中碰撞出新的火花，得到新的启发。他们发现做教师可以一直在变，一直保持鲜活的生命状态，一点点成为更好的自己。他们还发现，当看到一届又一届学生从"小不点"长大成人，自己就成了阅尽千帆的智者，对于人生道路的百转千回有了更加深刻的认识和感悟。

那么，如果做教师的确是你自己的选择，就努力去了解它，去发现它的乐趣吧，让自己无怨无悔。

◇总是和小孩儿在一起就应该像小孩儿吗？

本来是个成年人，为了能够和"小不点"打成一片，就得去揣摩"小不点"是怎么想的，还常常要说小孩儿话，做小孩儿样……如果一天到晚这样过，做个小学教师似乎还是挺拧巴的，带年纪小的学生也似乎更辛苦。

小学阶段，儿童的思维方式会由形象思维逐渐向抽象思维发展。他们模仿自己的老师，会显得稚嫩，充满童趣，但不意味着教师也需要表现出幼稚的样子来。教师的示范应该是标准的，是美的，是认真、冷静和理性的，因为这些会被学生们看在眼里，直接作用于他们的心灵深处。童真的含义，重点不在幼稚上，而在于一个"真"字。教师的真不是幼稚，而是专注与认真。因此，一名好的小学教师应该时刻观照到自己内心的那份"真"，不造作，不模仿小孩子，不戏弄小孩子，不嘲笑小孩子，这时候，尊重就会自然地生发出来。

小学教师需要了解儿童思维和情感的发展过程与规律，为的是从儿童的立场出发，去设计更适宜的教学环境和教学内容，比方说设计班级环境，设计课堂流程，设计班队活动的各个环节等等。教师的观察和倾听应该多于命令和指导，不需要非得学小孩的语气和样子。其实小学生都清楚一个成年人到底是什么样的，你只有从内心真正尊重他们，他们才会接纳你，喜欢你，崇拜你。

因此，小学教师虽然只负责6—12岁这一阶段，却不能不思考这一段对于一个人漫长一生的意义所在。教师自己虽然每天都在应付着孩子们这一阶段成长要做的事情，却不能不思考自己漫长的人生应该怎样度过。我们的人生与孩子们的人生在这一段交错并行着，而我们自己的发展和提升又影响着这些孩子漫长的人生，这正是一名教师的自我发展对于社会和他人最大的价值所在。

下面提供的是一个参考的设想，出自《给年轻教师的建议》（华东师范大学出版社，2011年）。老师们可以此为基础标准，制定自己的规划。

第一，20岁之前，梦想阶段。

主要特点是敢于追梦，树立理想！俄罗斯有句谚语："20岁之前没有幻想是缺陷；20岁之后还有幻想是愚蠢。"古人云："取法其上，得乎其中；取法其中，得乎其下；取法其下，法不得也！"这都说明一个人在青少年时期，如果没有雄心壮志，那么以后就很难再有什么更高追求。我主张年轻教师，开始工作时就应该有当教育家的雄心壮志。虽然不需要挂在口头上，但需要默默努力。

这个阶段的最大敌人：平庸。

第二，20—30岁，打基础阶段。

做任何行业，首先都必须练好基本功。为人民服务必须有真本领，作为教师，仅仅有培养优秀学生的良好愿望是不够的。有些特级教师一再告诫年轻教师，不要只想着创新，如果没有扎扎实实的基本功，创新就会成为空中楼阁。我以为这个看法十分有价值。

目光短浅的人，很容易在这个阶段浅尝辄止。在学校做了一节公开课受到好评，就以为自己已经打好了基础，止步不前，甚至骄傲起来，成了"龟兔赛跑"中的兔子。

这个阶段的最大敌人：浮躁。

第三，30—40岁，坚持、深化阶段。

练好了基本功，初见成绩，进入了坚持、深化阶段。教育这门学问高深莫测，一辈子也学不完的。许多教师虽然深知这个道理，但是遇到的现实问题是——负担重。一方面自己身为教学骨干，有一定实力，正是应该加入到"创造"行列的时候；另一方面上有老（双方父母逐步进入老年期），下有小（孩子还没有长大），双重负担很容易把人压垮。这个阶段，教师能否妥善安排时间，不但继续坚持，还要不断深化，往往会成为人生的一个分水岭。

这个阶段的最大敌人：倦怠。

第四，40—50岁，定向、提高阶段。

闯过上一关的教师，不但是学校的骨干，而且是某一方面的带头人，因此最需要的是不断提高和定向发展。但这个时候往往会遇到"高原现象"，即好像怎么努力也上不去了，在原地打转。一般来说有两种原因：一是处在酝酿时期，预示着将要有突破，你一定要有信心，不要气馁；二是在思维水平上缺少新的层次，例如哲学素养不够，这时候需要补课。经过补课还可能出现"更上一层楼"的局面。

这个阶段的最大敌人："高原现象"。

第五，50岁以后，升华阶段。

有些人会想，都快退休了，怎么还要升华？这正是有些人的悲哀。试想，现在人的平均寿命已经是七八十岁，还有20多年的大好时光，难道白白浪费掉吗？

再说，要想升华，没有足够的积累也不成。年轻人想升华，资本还不够。50年的人生体验，对于升华是必不可少的。

这个阶段的任务应该是把自己一生积累的经验，运用"去粗取精，去伪存真，由表及里，由此及彼"的方法加以提炼，凝结成比较系统、能体现本质规律、不断创造新价值的成果！

这个阶段的最大敌人：吃老本、不求进取。

◇是从职业中汲取营养还是被掏空？

小学教师的工作很辛苦，但是如果只将精力投入在应付表面化的日常事务中，你很快就会产生职业倦怠，疲于奔命，缺乏幸福感和意义感。那么教师应该怎样从职业中汲取营养，而不是被掏空呢？

牛顿曾经说过："如果说我比别人看得远一些，那是因为我站在巨人们的肩上。"我们教师要想发展自己，也应该向优秀教师取经。

通过与一些优秀教师接触，学习有关资料，从他们的成长过程中，教师可得到许多重要的启示。优秀教师尽管各有特点，但发展自己的四个轮子——实践、学习、思考、交流，同时旋转，和谐配合，则是他们共有的。

1. 长期、扎实的实践

实干是基础。所有优秀教师的成功，无一例外来自他们长期、扎实的教育实践。全国模范教师盘振玉，16岁就走上讲台，在艰苦的瑶山一干就是20多年。在这20多年中，不但没有一个儿童失学，而且教学成绩一直在全乡名列前茅。成功的背后是扎实的工作，她不但要用双语（汉语普通话和瑶家语）教复式班，而且还要为学生做饭、洗衣服，晚上还要照应学生起来大小便。

苦中有乐。优秀教师和所有教师一样都承担着艰苦、繁重的教学任务，所不同的是他们能够做到苦中有乐。他们累并快乐着，体验着一种神圣的幸福感。

特级教师吴正宪说："我一上讲台，就融入了学生世界，全身心地投入数学教学之中，把其他的一切都忘记了。只有教数学的人被数学的魅力打动了，学习数学的人才能被数学深深吸引。"

2. 顽强、自觉地学习

酷爱学习。在繁重的工作之余，能够锲而不舍地坚持学习，是优秀教师另一个共同的特点。他们顽强、自觉地学习有时达到了惊人的程度。例如有的是"十几年来，阅读了上千万字的著作"（龚春燕）；有的"几年来阅读量达300多万字，记下了20多万字的读书笔记"（特级教师、清华附小校长窦桂梅）；有的工资不高，但是"那几年买了近4000元的书"（蒋军晶）；有的"在最初的几年，我阅读了50多部理论书籍和2000多本教育期刊，撰写了100多万字的笔记"（特级教师、苏州工业园区第二实验小学副校长徐斌）。

灵活多样的学习方式。他们"随时随地寻找'教你'的师父"（蒋军晶）；有的"具有终身学习的理念并且善于学习，家庭被评为全国学习型家庭"，"几种学习方式：（1）向同行学习；（2）向学生学习；（3）向报刊书籍学习；（4）进修学习；（5）课题学习；（6）学术学习；（7）追踪学习；（8）分阶段有重点地学习（按系统学习，精一再博，分层次学习——从低到高或从高到低）；（9）网上学习；（10）传播学习；（11）实践学习；（12）参观学习"（特级教师、厦门第一中学校长任勇）。

3. 联系实际的思考

优秀教师在顽强、自觉学习的基础上，普遍重视思考，具有爱思考的品质。正像特级教师于永正所说："我们的教育需要理性，需要在教育范围内进行教育发展，别让一些非本质因素过多地打扰了教育，比如商业、权威、权力、习惯等——这些已过多地干扰了课堂的方向。理性状态是对教育最好的救助。"

而优秀教师的思考又有着自己鲜明的特点：

一是思考紧密联系自己的教学实际。优秀教师的思考很少大而无当，无病呻吟，故作深沉。江苏省特级教师邱学华说："我深信，教育的实践是教育理论的源泉，因而我始终没有离开讲台。我的许多新方法、新思想，都是在教育实践过程中萌发出来的。"苏景泰教授评价道："邱学华在从事教学实践时，从未停止过教学理论研究，同样，他在进行理论探讨时，从未离开过教学实践岗位。"优秀青年教师蒋军晶认为："语文学科是积淀了太多历史经验的学科，是负载教育教学任务最多的学科，是教学流派、教学思潮最多的学科，是专业化程度最高然而又是最低的学科。"他提出应该"多作本源性思考；多作两难性思考；多作现实性思考"。

二是通过思考，他们对教育理念的理解更加深刻。西安市83中模范教师王西文指出"教育是一个灵魂唤醒另一个灵魂的过程，只有触及到人的灵魂，并引起人的灵魂深处的变革，这才是真正的教育"。

浙江省慈溪中学特级教师黄孟轲认为："教育的根本任务是立人；语文教育的核心是立足树人，培养思维，注重审美；语文课堂教学的出发点与归结点应该是唤醒：唤醒教师自身精神与人格魅力，唤醒文学所蕴含的作者的思想与情感，唤醒文本中的生命内涵，唤醒学生的想象力和创造力。"因此"作文立人，首先要让学生的作文形成自己的个性，老师要给他们提供张扬个性的环境……"。

三是尤其重视反思自己。特级教师于永正说："保持教育理性状态的前提是群体具有反思能力。而名师就是处于反思的'多震地带'。他们在反思宏观的教育，也在反思教育的细节；他们在反思历史，也在反思现在，尤其总在反思自己。名师是我们教育界反思状态的发动机——他们启发了我们。这便是名师的价值。"

4. 和教师密切交流

得到基层老师最高赞誉的，是始终和他们保持联系的优秀教师。例如老师们把特级教师、中国人民大学附属小学副校长钱守旺称为"有才华，有水平，没架子的特级教师"。

为了认真研究、服务教师，从北京最边远的山区到祖国的大西北，特级教师吴正宪一次次"走乡串户"给老师、学生们上示范课。她把每一次外出上示范课都当作学习调研的机会，课后总忘不了和老师、学生交流，以此积累素材。为了提供高水平的指导，她依然学习最前沿的知识，了解教育教学改革的最新动态。为了优质的教学服务，一位普通老师的一个闪光点也会被她注意到，最终博取百家之长来充实自己的"职业资本"。两年来，北京市的19个区县都留下了吴老师的足迹。

特级教师窦桂梅在清华附小的几年中，和教师们一起大胆实践，勇于尝试，每一次听课后都给教师评课，努力做到优点说透，缺点不漏，策略给够。到年底，她听了500多节课，然后给76位一线教师，每人写了一封长信。她认为："如果说以前的成长靠的是个人奋斗，那么新的时代与环境，强调的却是团队的力量。尤其是激烈的竞争环境，需要真正的合作。没有合作之心的人，内心是焦躁而绝望的，也不会取得什么真正的成功。"

和优秀教师比起来，我们自己有时候整天忙于工作，而忽视了学习，结果鼠目寸光，陷入琐碎的杂事之中；有时候虽然也学习，但是不善于思考，结果由于模仿照搬，不能解决自己的实际问题；有时候虽然也思考，但是又忘了和别人进行交流，成了孤家寡人的闭门思过，最终脱离实际。而优秀教师给我们的启示是：学习、实践、思考、交流，这四个轮子，不仅能够同时旋转，而且能够和谐配合，这样的职业发展进程才能让人不断进步和升华。

◇教师职业是被动的还是主动的？

在我们进入自我教育实验学校的时候，满脑子想的都是如何提高学生的自我教育能力。可是教师们在总结的时候，几乎都认为最大的收获是学会了自我教育。这是因为教师们发现了自己在教师这一特殊职业中的主体性和主动性，发现了自我教育的力量和内涵。

可以说，教师的理解是深刻的，因为只要是真正理解了自我教育的涵义，就一定首先抓住自身的自我教育。正像苏霍姆林斯基说的："不管什么人，如果他不善于教育自己，他就不可能教育别人。"

北京宣武师范学校附属第一小学的冉梅老师回忆道：

课堂上我首先自我检讨，因为我近一段对于口算的练习重视不够，没有在课堂上安排计时口算练习，因此，这次测查中咱们班口算错题人数多。这次成绩不佳，责任由我来承担……

进行了一番自我检讨后，我问同学们："刚才冉老师在做什么？"同学们说在自我反思。我接过话茬说："我在进行自我教育，自我教育包括自己发现问题，自己分析问题，自己纠正问题，最终达到完善自己的目的。每个人都难免会犯错误，善于进行自我教育可以使自己进步得更快。自我教育是自我负责的表现。"

接着，我告诉学生："本学期，我将进行自我教育方面的研究。请大家说一说对自我教育的看法。"同学们结合刚才我进行的自我教育，一致认为自我教育是一种可行的，有利于自我不断进步的好方法。

当然教师自我教育的目的，不是单纯为了教育学生，还是为了提升人生的质量，提升人生价值。教师的自我教育，同样要通过自我认识、自我要求、自我践行、自我评价这四个环节，才能逐步实现。

1. 第一个环节——自我认识

许多教师往往是把学生的问题看得很清楚，却看不到自己的问题。实际上学生的许多问题恰恰是教师造成的。下面的案例讲述的是于漪老师透过学生的表现，发现了自己的问题，并取得进步的故事。

学历水平不等于岗位水平：清醒地认识自己

做教师，身教远远重于言教。《论语·子路》篇讲过："其身正，不令而行；其身不正，虽令不从。"我经常和年轻教师讲，教师对学生的作用，绝对不会是零。教师工作无时无刻不是你世界观、人生观的体现，你整天和学生在一起，你有什么样的思想观念，自然会对学生产生相应的影响。所以，第一步就是要清醒地认识自己，这是塑造自己人格魅力的前提。

有一次批改作文，对面坐的是个语文老教师，他看我写睡着了的"着"字，羊字头下面一个目，我把羊字头断下来了。他看到了，就对我说："于漪，你要知道，你写错了就会影响一大片，你在黑板上写一个错字，可能这些孩子一辈子就写错了。"这样的教导，我真是刻骨铭心啊。从此我不敢有丝毫懈怠。我想做教师非常重要的一条，就是要谦虚谨慎，好学不倦。我下定决心要拜众人为师，让两把尺子伴随自己的人生，一把尺子专门量别人的长处，一把尺子专门量自己的不足。

一把尺子量别人的长处。每次开教研组会，我都拿本子记。每个人思考问题都会有很精彩的地方，我用心听，认真记。我体会到教师要学会借脑袋，要博采众长，把别人所有的长处、思考问题的结晶都学过来。我不断地积累，不断地取得进步。

另一把尺子量自己的不足。每一次课上下来我都有"教后"，每堂课都要反思。"教后"记两点：一是记学生的闪光点。当孩子全神贯注学习的时候会超水平发挥，往往超过我备课时的所思所想，这是孩子创造的火花，我要把它们记下来。二是记自己的不足。不管备课的时候多么认真，当孩子的主动性发挥出来以后，你就会发现自己的准备总有这样那样的漏洞，因此我就记下自己的不足，这样长期坚持下来就掌握了教与学的规律。

要想正确认识自己，要把握三个层面：第一，要客观、如实地看自己；第二，要全面看自己；第三，要以发展的眼光看自己。

2. 第二个环节——自我要求

自我要求这个环节，一般包括三个层面：激发动机，自立目标，自订计划。

比如姜老师在阅读苏霍姆林斯基的著作后"思绪万千，久久不能平静，我为大师给我指引教学方向而感到激动万分，同时为自己过去的想法而惭愧。……我们还要多方面引导学生，让我认识到做教师在很多细小方面的关注，对学生成长的重要性"。

姜老师产生了强烈的动机，这就是自我要求中重要的第一步。

接着，姜老师提出关注学生成长的方法：一是爱学生（"我曾经为自己选择了教师行业而迷茫，也为我第一次当班主任而泄气，还因为和学生产生矛盾想放弃教师这一职业。他的文章使我懂得了：教师的职业就是要研究人，长期不断地深入到人的精神世界。世界上没有不可救药的孩子，我们教师就是要使这些人的身上所具有的美好的、善良的东西，不受到压抑、伤害和扼杀"）；二是多旅行；三是多读书。

以上就是这位教师的自立目标和自订计划。

3. 第三个环节——自我践行

自我践行包括自我强制、自我监督和自我调整三个层面。

自我践行的第一个层面是自我强制。一个人由开始想，自己对自己提出要求，直到说出来，仍然不是行动。这个由想到做，看起来是一小步，往往是战胜自己的艰难一步。万事开头难，难在要行动，在这之前，还只是脑子里想。

苏霍姆林斯基指出："不要忘记，自我教育的过程任何时候都不是一帆风顺的。没有比战胜自己的弱点更加辉煌的胜利了。"

许多教师都知道对学生发脾气不对，也多次下决心改正。这并不够，关键是在发脾气之前，强制自己要控制，尽管十分困难，也要果断地强迫自己不发脾气。

"自我教育的实质包含着善于强迫自己。""精神教育首先是控制自己的能力。"（引自苏霍姆林斯基的《教师教育学》）"人的最大的胜利就是他能战胜自己。一个人从童年起就要学会支配自己。从小就要学会命令自己，管束自己。逼迫自己去做应当做的事，而且把应该做的事变成你愿意做的事。这是一种和谐。"（引自《苏霍姆林斯基选集（五卷本）第二卷》）

以下是首都师大附属小学郭丽萍老师的自我践行之路：

只要行动就有收获　只有坚持才有奇迹

"只要行动就有收获，只有坚持才有奇迹。"四年来，这句话一直张贴在我们班级的显著位置，是写给孩子们的，也是写给我自己的。

我深深知道，自己从来不是聪敏之人，上学时没考过第一，更不是学霸，工作后也不是单位的佼佼者。我从教20多年，先后任教于延庆县的山区学校黑汉岭小学，半山区学校太平庄小学，延庆县直属学校第三小学，海淀区重点小学首师大附小，一直都是勤勉而努力着的老师。天道酬勤，生命中遇到越来越多的贵人，许多好事情、好机会悄然降临到我身上。

2013年12月，我成为朱永新老师的"徒弟"，开始参与新教育实验。书到用时方恨少，说实在的，我深知自己的专业理论根基不够扎实，阅读量小，缺乏深入思考。回顾这二十几年的工作，我很大一部分精力都用在赛课上。拿到冠军证书时，我并不是欣喜不已、喜极而泣，而是长长叹口气，心想终于结束了。我还是原来的我，学科知识功底依旧是老样子，并且身心俱疲。我渴望宁静，一盏灯、一杯茶、一本经典读物。新教育给了我这种全新的感受。

做新教育，我最缺的是时间。我如饥似渴，太需要书籍的润泽和艺术的熏陶了，有多少时间拿来阅读好书都觉得不够。我坚持参加"种子"教师群晚上的交流、网上师范学院的学习，生日赠诗、写随笔、阅读等都是在和我的睡眠抢时间。我自己的时间还可以像挤牙膏那样挤一挤，而班级学生可利用的时间就困难了。前六节课是学校安排的课程，雷打不动，六节课后学校有几十个社团开始活动，每个社团都对孩子的成长有极大的帮助，我向来支持孩子们参加。我向学校要课，希望多些课时，如果哪位老师外出开会把课给我，我会欣然接受。我们的集体共读共写、创作以及演出活动都需要时间。朱老师根据新教育榜样教师的经验，建议我用一半时间把课本讲完，学校也大力支持，我开始在精讲方面下功夫，大约两个半月时间完成课本教学，然后进入实验课程。

纵然时间紧、功底薄、压力大，但在做的过程中我感觉幸福满满。尤其是每日晨诵，每一个新的清晨都和一首好诗相遇，师生一起美美地读，有滋有味地读，边读边创编。当一首首充满童真童趣的小诗完成时，那种美感、成就感、幸福感顿时飙升，我们都乐在其中。晨诵带来的美好感只是诸多美好之一，我们共读一本书、共演一幕剧，从共读交流，到创编剧本、角色竞选，再到一幕幕排练，这个过程是体验生命成长的过程，在克服困难中成长，在战胜自我中成长，在迎接挑战中成长。作为老师，能有什么比看到孩子们不断进步更欣慰的呢？孩子们的写作水平迅速提升，作品陆续在《作文导报》《北京晚报》上发表。记得有一次我把稿费领取通知单转给李江浩同学，问他这是第几次有个人收入了，他说不记得了。"不记得了"，我俩相视而笑。郭文韬、赵紫珊、丁瑞阳在学校举行的"我喜欢的一本书""发散思维主题演讲"中获得一等奖；丁瑞阳同学被推荐参加海淀区演讲比赛，继而被推荐参加北京市环保演讲赛，并接受北京电视台记者的采访，节目在《晚间新闻》《北京您早》栏目中播出。这样的喜悦自然而然地洒落在每一个平常的日子里。

我19岁走上讲台，做教师已经26年，现在已是人到中年。中年，不是一个年龄，而是一种状态，生活日趋稳定固化，对许多事物的兴趣大减并感到疲于应付。对于中年人而言，最大的困扰不是没有热情，而是维持热情力不从心。然而我在新教育理念的润泽和引领之下，工作辛苦但不倦怠，身体疲惫但依然不缺少热情，每日阅读、笔耕，平淡却不缺少欢乐。在自己的班级里，展开一个又一个小行动，做得有滋有味。

　　四年来，我积累了很多孩子的作品，可以说是一些小成果，最终在新教育团队的支持下编辑成书，成为我在教育事业上的里程碑。

　　幸福完整的教育生活是用心经营而来的，我会继续努力和孩子们一起做幸福的向日葵。在此用我们班赵紫珊同学三年级时写的一首小诗来结束：

做幸福的向日葵

赵紫珊

我们是幸福的向日葵，

永远追随着太阳。

我们是幸福的向日葵，

谦虚感恩，春华秋实。

我们是幸福的向日葵，

张张笑脸，每天阳光灿烂。

我们是幸福的向日葵，

冲破乌云，前面一片璀璨。

只有行动，才有收获，

只要坚持，就有奇迹。

　　教师在自我践行上，最大的困难莫过于改变自己原来的不良习惯。比如对学生急躁、说话唠叨、"哪壶不开提哪壶"。他们不是不明白道理，而是缺少自我强制，对自己不能"狠一点"。

自我践行的第二个层面是自我监督。教育上的浮躁、急躁心态仍然是我们的大敌。解决这个问题必须依靠自我监督。

自我践行的第三个层面是自我调整。计划赶不上变化，任何人制订计划，不可能完全符合实际。当执行计划的过程中，发现事实和当初的设想有距离的时候，就要及时做调整。这种调整，表面上看好像没有坚持计划，但从长远看、从整体上看，实际上是为了更好地执行计划。

这种调整，应该本着"方向不变，可以拐弯"的原则，避免出现两方面的偏向。一个偏向是不善于做必要的拐弯，撞了南墙也不回头；另一个偏向是"拐弯"后把方向丢掉了。

最近几十年，世界在飞速变化，中国更是发生了惊人的变化。但是，生活在平静校园里的教师，可能看到了教材在变——越变越深，孩子在变——越变越不听话，却没有看到校园之外，这些变化的背景以及这些变化中蕴含的深层次的原因。

于是，面对这些变化，不同的教师就出现了不同的态度。有的准备急起直追，赶上这迅速发展的时代；有的感到不解，处在观望、犹疑、困惑的状态；有的则表现为无奈，既埋怨客观的无情，也责备自己的无能。

达尔文曾经说过："能够生存下来的物种，并不是那些最强壮的，也不是那些最聪明的，而是那些对变化作出快速反应的。"一看到这句话，我不由得立刻想到：在我们这个发展最迅速、不确定性又比较多的时代，教师如何面对变化的确很重要。

那么，教师究竟应该怎样面对这些变化？特级教师王春易的"变"让人感到震惊，相信能够让大家有所启发。

北京十一学校的王春易老师，凭借优异的教学水平，30多岁就被评为特级教师。她的课十分精彩，同学欢迎，同行欣赏，家长称赞，就连专家听完课之后也是连连点头。这样的课还需要变吗？

就是王春易本人，过去对此也没有怀疑过。把课堂变成展示自己精彩授课的地方，享受人们的赞扬有什么错呢？

但是，自从学校提出"课堂是学生成长的地方，是学生自主发展的舞台"的新理念之后，曾经一帆风顺的王春易遇到了从未有过的挑战。经历了一番痛苦的思考，冷静下来的她发现，的确，如果教师讲得太多，什么都讲到了，那么学生自己反而没有思考的过程，变得不会研究了……

她越来越清楚地意识到：并不是学生不爱听的课要改，也不是教学成绩不好的教师要改，任何一个以自我为中心的教师都要改。越是会讲、爱讲的教师，越要改。

于是，她决心放弃自己原来十分熟悉、擅长的教学方法。为了让课堂真正成为学生自主发展的舞台，她安排了大量的实验，让学生通过亲自操作获得直接经验，为理解深奥的生物学原理打下了良好基础。

"变"只是开始。一个学期，她安排了16个实验，原有的课时教学方法必须改变，王春易又自觉地大胆往前走一步——将原有的课时教学变成了单元整合教学。

"变"还不能停止。十一学校根据走班制的需要，成立了年级学部。李希贵校长专门选了从来没有当过班主任的王春易担任高一年级的学部主任。王春易又勇敢地接受了新的挑战，继续变下去。她召开了个性化的年级家长会，学习云计算，掌握大数据……

王春易会根据时代的要求，自觉地继续"变"下去。她有一句话最能够代表她的心境——"最美的风景是在下一次的挑战中！"

先进的典型，能够振聋发聩，让我们觉醒。但是真正把别人的先进思想学到手，还必须练好自己的内功，这个内功包括三方面：

一是懂得世界永远处在发展变化中。

古人就知道"穷则变，变则通，通则久"（《周易·系辞下》）。讲的是，事物发展到了极点，就要发生变化，发生变化，才会使事物的发展不受阻碍，事物才能长久发展。我们不但要知道事物不能以我们的意愿而转移，而且从内心感到变化是好事情，只有不断变化，才能进步。

二是理解教育总是随着社会发展而变化。

教育的发展与社会生产力的发展，与文化的发展密切相关。社会正处于知识经济时代，教育必须培养更多的创新人才；社会城镇化的过程中，流动人口子女的教育等问题必然会出现。我们对这些有了正确的理解，就不会埋怨，甚至对抗这些新的需要，而是自觉创造条件，满足这些需要。

三是要善于改变自己。

我们要像王春易老师那样，一旦意识到需要改变自己，就不留恋过去熟悉的教学方法，敢于迎接新的挑战。这种改变往往比较痛苦，但是一想到社会的需要，学生的需要，就会愿意改变自己。如果没有全部想通，可以先从想通的部分做起，或者容易的地方做起。只有通过亲身实践，有了体验，才能慢慢理解新理念。千万不要只是一个人关在屋子里冥思苦想。

当然，被动地改变自己，心中有压力，总是让我们感到不愉快。如果我们能够"月晕知风，础润知雨"，对社会现象和学生需求微妙的变化有所感知，那么，我们在教育改革上就会有一种预见性，根据客观需要自觉改变自己，提出创造性的新措施，进一步促成教育事业的创新。这应该是今后对我们教师更高的要求。想做到这一点，唯一的方法就是不断地持久地进行自我教育。

4. 第四个环节——自我评价

自我评价的第一个层面是自我选择标准。自我评价最重要的是选择正确的评价标准。标准错了，自我教育的方向就要出问题。真正影响标准的是核心价值观和教育观。

自我评价的第二个层面是自我分析。自我践行之后，不论成功还是失败，都要善于思考现象背后的原因。有的教师虽然进行了反思，但只是浅层次反思，效果往往也不好。深入地反思应该是对自己"认识"本身的思考，即对原来支撑自己思考的一些理念进行反思。例如，一直本着"不打不成才"理念来教育学生的教师，浅层次的思考，只是对打学生的轻重、方法进行反思、调整。如果没有对"不打不成才"理念产生质疑，教育就不会出现改观。

自我评价的第三个层面是自我肯定。积极的思考，要落实到自我肯定，因为"自我肯定是自我教育之母"，是自我教育下一个循环的基础。

所谓自我肯定表现在两个方面：一是发现自我。教师在自我教育的过程中，要善于发现新的自己——不论是新的进步，还是新的原因，都很有价值。例如，发现"教师专业素质水平影响学生自我教育的发生"；发现"向学生承认错误，学生更加尊敬教师"；发现"自己太唠叨""从来不鼓励学生""自己不爱学习"是教学搞不好的原因……

二是确认自我。在发现自我的基础上，经过学习、思考，要尽可能清晰地确认自己哪些地方做对了，哪些地方做错了。全面分析之后，相信自己是一个积极向上、不断进步的教师，树立自己的信心，激发自己的勇气。在肯定自我的基础上，肯定自我教育的方向，开启自我教育下一轮自我认识、自我要求、自我践行和自我评价的循环。

◇教师的人生价值与其他职业有什么不同？

有一位年轻教师朋友曾这样说："我风风火火地教了四年的书，看到一些老教师已在校园里转悠了几十年，说得刻薄一点，他们是循规蹈矩，庸庸碌碌，学生也不喜欢，自己也没兴致，应付差事而已。我很难理解他们是怎样坚持下来的，他们曾经也年轻过，是否也拥有过像我一样的新鲜劲儿？"

他的话让人深思，其实每一位教师都希望自己的人生过得有价值。怎样让每个教师真正成长为充满智慧、不断释放活力的教师，的确是件不简单的事情。

1. 未经思考的人生没有价值

人生价值，这是一个古老的话题。思想家苏格拉底的"未经思考的人生是没有价值的"，像闪电雷鸣一般震撼人心。受到震撼的教师，会提出一连串的问题："如果不思考，难道就真会度过一个没有价值的人生吗？""我的人生经过思考没有？""究竟应该怎样思考？"

对于一个从未思考过人生意义的人来说，首先要解决两个问题：

第一，人，是否可能有多种人生？青年哲学工作者赵汀阳对此做出的针对性的回答是——"现实生活只是'可能生活'的一部分，还有许多可能进入的生活能够创造出来，但尚未创造出来。"不论是孔子、陶行知和苏霍姆林斯基伟大的一生，还是孔乙己迂腐的一生，都是"可能生活"。

第二，人，能不能自己选择自己的活法？回答是肯定的——人类的优越性就在于有自觉、自由的特性。既能够积极主动地思考自己的人生，又能够自己确定明确的人生目标，还能够自主决定自己要过什么样的生活。所以，每位教师要善于在很多可能生活中，选择并创造自己喜爱的、理想的生活。

2. 认真思考与缺乏思考大不一样

有一则手机短信，描绘了教师不同阶段的不同心态：

初期刚刚上任，信心百倍——大有作为；

早期屡遭挫折，改变看法——难有作为；

中期理想破灭，悲观结论——无所作为；

后期不择手段，追求名利——胡作非为；

晚期只为糊口，和尚敲钟——碌碌无为。

生活的道路从来不是笔直的，大起大落，迂回转弯，都会遇到。但是，开始都是"信心百倍""大有作为"，虽然都遇到了挫折、诱惑，为什么到后来，有的庸庸碌碌，有的成绩卓著，有的灰心丧气，有的越战越勇？

一个重要的原因是有没有对人生意义进行认真思考。如果一个人没有养成爱思考的习惯，不仅令人遗憾，其实也很危险。"思维是世界上最美丽的花朵"（恩格斯语）。人类既然有这样的天赋，为什么不让它充分发挥作用？对人生不进行思考，不仅会糊里糊涂地度过毫无价值的人生，在遭遇严重挫折和诱惑的情况下，弄不好还会犯错误，甚至犯下罪行。

人的特点是，可以忍受艰苦的生活，却无法忍受无意义的生活。人生由生命和生活两部分组成，生命是生活的基础，生活是生命的体现。生命是有机体的成长，生活是各种人生滋味的总和。人有的不仅是自然生命，更重要的是还有社会生命和精神生命。

低层次的自保生命，连动物靠本能都可以做到，而真正珍惜生命，特别是提高生命的质量，追求生命的意义，则是人类特有的。法国大文豪雨果对此的阐述是："人有了物质才能生存，人有了理想才谈得上生活。你要了解生存与生活的不同吗？动物生存，而人则生活。"

生命和生活不同。正如音乐的生命是发出的声音，而旋律、乐曲才是它精彩的生活。正像没有声音不可能形成旋律、乐曲，没有生命也无法去营造美好的生活。只有声音，不能算是美的音乐；只有生命，不能算是好的人生。

要想让自己的生命更精彩，就必须过好生活，过有价值的生活。人生价值是思考的核心内容。

有价值的人生应该是幸福的。世界上有多少人已经逝去，又有多少人将不断地诞生，人类过去和将来始终不停探索的一个问题就是：人生真正的幸福是什么？普通人在探索，名流雅士也在探索；幼稚的孩子开始探索，耄耋老人仍然在探索。

3. 有钱是不是就幸福？

"蒙牛"公司总裁牛根生，曾经意味深长地说："世界上80%的喜剧和金钱没有关系；世界上80%的悲剧与金钱都有关系。"

当代女作家孙淡宁曾经在一篇文章中对金钱和人生的关系，做了深刻又充满情感的分析：

金钱可以买到"房屋"，但买不到"家"；

金钱可以买到"书籍"，但买不到"智慧"；

金钱可以买到"伙伴"，但买不到"朋友"；

金钱可以买到"珠宝"，但买不到"美"；

……

现在，我们可以再加上重要的一句：金钱可以买到"一时的快乐"，但买不到"一生的幸福和一个有意义的人生"。

4. 人生应该留下温暖而"忘名"

苏霍姆林斯基生前总爱重复的一句话是："人生下来，并不是为了像无人问津的尘埃那样无影无踪地消失。人生下来是为了在自己身后留下痕迹——永久的痕迹。"

"前人栽树，后人乘凉"，使得我们感受到一个人生存的意义和生命的价值。

道家认为人是"死而不亡"的典型例证。一个人死去了，但是他的"过去"将封存在历史中，而历史又影响着人类的现在和未来。个体的寿命虽然有限，但是"自有后来人"，因此人总要把自己多多少少留下的痕迹托付给"后来人"，希望他们能够从这些痕迹中寻找出一些意义来。

尽管过去、现在产生许多功过是非，但人类总有一个信念是很坚定的——只要有"后来人"存在，人就是"死而不亡"的；只要是为人类做出精神上、物质上的贡献，人生就是有价值的。尽管"你的名字无人知晓"，但是"你的功绩永世长存"！

"贪图功名是思想的死亡"（英国哲学家维特根斯坦语）。那些想"青史留名"的人，实际上在人生意义上并没有走出误区。因为"只有能够使人忘我的事情才能使他的生活获得意义。显然生命的意义在于支出而有所获。人的存在具有二重性。人既是个人的存在，又是社会的存在物。把自己的生命和自我当作最重要的东西，当作价值的最高点，就不可能感觉到生活的意义。不能忘我的人是不幸的，他不会有感人的亲情和爱情，不会有伟大的成就，理解不了伟大的艺术……如果一个人的生活是有意义的，他必

定热爱一些人和事情超过爱自己"。（引自赵汀阳《论可能生活》）

最近在和教师交流时，听到有的教师感慨地说："一直以来，连轴转地忙于教学，从来没有停下脚步去思考……"的确，教师的工作十分繁忙，但是我们建议每位教师再忙也不能忘了认真思考。因为"未经思考的人生是没有价值的"！

◇教师怎样获得自己的幸福？

每个人都应该追求自己的人生幸福，教师自然也不例外。而且教师应该更加懂得怎样获得自己的幸福，因为这将影响他所带的一批批年轻的学生。

从事教师这个职业的人，怎样获得自己的幸福，这是我们需要深入探讨的问题。下面，从全国特级教师魏书生的生活和他的教师幸福的观点，我们可以得到重要的启示。

魏书生的人生可以证明他是多么酷爱教育。他自己回忆"2000多天中，我向各级领导恳切地提出做教师的申请至少有150次之多。几乎每一个同志，特别是朋友和亲人，都耳闻目睹到我对教育火一样的热情，对学生源自内心的关心……"

魏书生对教师幸福的理解颇有深度："我们觉得教师的工作尽管又苦又累，但又确实是一项很吸引人的工作，主要原因在于教师的劳动有三重收获。

"农民、工人看到自己生产的粮食、机器服务于社会，满足人民的需要，于是产生幸福感、自豪感。教师呢？教师的直接劳动对象是人。一个开始知识面很窄、各方面能力很低的娃娃，经过幼儿教师、小学教师、中学教师、大学教师的精心培育，就成了知识较丰富，有一定分析问题解决问题的能力，有理想，有抱负的人才了。

"当然，人才的培养周期不像粮食、机器的生产周期那样短，那样很快就能看到效益，那样容易引起领导者的重视。唯其如此，才更使教师产生一种为祖国未来而鞠躬尽瘁的历史责任感，产生一种更加神圣的自豪感与幸福感。

"教师除了收获各类人才之外，还有一个更大的收获就是真挚的感情。人是有感情的，特别是学生时代培养的感情尤为真挚。教师对着学生心灵的高山呼唤：'我尊重你，我理解你，我关怀你……'学生便在心灵的深处回应：'我尊重你，我理解你，我关怀你……'"

我们可以确信魏书生的确有幸福感，这不仅表现在他对教师工作特点的深刻理解上，更表现在他的全部工作与生活中。但是，每位教师的幸福感一样吗？为什么每个人对幸福的感受并不相同呢？教师的幸福究竟从哪里来？

马克思对于"幸福"已经做了明确的回答："那些为大多数人带来幸福的人，是最幸福的人。"教师这个职业，肯定是为大多数人带来幸福的人，尤其是在中国这个尊师重道的国度里，连供奉的牌位"天地国亲师"中都有教师的位置。可是有些教师的感受为什么并不是很幸福呢？

有人会质疑：为什么"为大多数人带来幸福的人"就是"最幸福的人"？难道给别人带来幸福，自己就一定也能获得幸福吗？这个道理，我以为还可以进一步用成语"赠人玫瑰，手有余香"来解释。

（1）"赠人玫瑰，手有余香"和当代许多人说的"帮助别人，快乐自己"是一个意思。付出之后，并没有物质的回报，甚至做好事不留名，连精神上的回报都得不到，只有自己内心的快乐。这种"余香""快乐"都是精神层面的享受，而这种带有神圣感的享受，正是人类特有的一种享受。

（2）大家对"赠人玫瑰"容易忽视的一点是教师要获得幸福，重要的前提是赠人的是美丽的玫瑰，而不是茅草，更不是蒺藜。因此，教师首先必须拥有"赠人玫瑰"的资本。如果不努力教书育人，而是做一天和尚撞一天钟，没有贡献，怎么可能有余香？当然，每个人的能力大小不同，但只要是尽心尽力，都会被人承认，获得认可。

（3）从事幸福的教师职业，并不是自然而然就会获得幸福感。教师的幸福如何实现，还涉及一个极其重要的问题——教师自身的幸福感及其培养的问题。

马克思说过："对于没有音乐感的耳朵来说，最美的音乐也毫无意义。"所以教师还需要在"赠人玫瑰"之后，拥有获得"手有余香"体验、感受的能力。

能不能体验到，通过我们的努力，我们的学生从一个幼稚、无知的孩子，成长为国家的栋梁，从而产生的幸福感？能不能体验到，由于我们坚信每一个孩子的潜能，通过我们日复一日的努力，使问题学生翻然悔悟，成为优秀学生，从而产生的幸福感？这个幸福感，必须建立在你有正确的看法上。正如魏书生幽默地说过："当你把学生看成天使，那你天天生活在天堂里；当你把学生看成魔鬼，那你天天生活在地狱里。"

在师生关系中，你会收获天下最宝贵的真挚感情。但是，这有一个前提，那就是，你是一个人师，而不是经师。如果你只负责给学生传授知识，那么，知识传授完毕，你们的关系也就结束了。

有的高三教师有着一种痛苦的回忆：个别学习优秀的学生，高考第二天就不搭理老师了。如果你只是一个"经师"，只是给学生传授知识，毫不关心学生，就难免会出现这种令人悲伤的情况了。因为学生会认为你这位教师的任务就是传授知识，现在高考结束了，教师的价值自然就没有了；甚至还会埋怨教师某些地方教得不好，耽误了自己⋯⋯

因此，只有成为"人师"，才能拥有健康的师生关系，才能收获天下最宝贵的真挚感情。

郭丽萍老师已有23年的教龄了，她先后在四所学校任教，在首都师范大学附属小学的讲台上已经整整站了10个年头。郭老师对于做班主任、语文课堂教学有着发自内心的割舍不下的情感，为此她一次次放弃了"当官"的机会。

第一次迈进学校中层干部的行列，是22岁那年，郭老师参加工作的第三年。她做学校少先队辅导员，主管德育工作。她就这样一边做中层干部，一边抓住课堂不放手，整日忙得不可开交。她先后到四所学校任教。每到一所新学校，她都不愿辜负领导的信任，走进中层，但又不离开课堂教学。可是，人的精力毕竟是有限的，实在是忙不过来，感觉肩上的担子过重时，她最终选择了真正热爱的课堂。

郭老师"磨"课，会揣摩学生的兴趣点、发展点和接受能力，同时也在"磨"自己。语文教学关键在读，只有"熟读"才能"精思"，只有多读才能领会作者的言外之意、意外之境，也只有多读才能体会到文章的情感，才能让丰富的情感激荡于课堂。她在教《手捧空花盆的孩子》一课时，为了体会手捧空花盆的孩子当时的心情，夜深人静时，独自一只手捧着一个空花盆，在灯下翻来覆去地读；教学《啄木鸟》一课时，她多次去西单大厦查找资料；教学《小鸭子回家》一课时，她四处搜集作者张秋生的其他文章来扩大孩子的阅读量；教学《妈妈的爱》一课时，她精心设计创新性作业——《儿子的爱》《女儿的爱》……

只有精心预设，才会有精彩的生成，才能在课堂上更好地为学生服务。为学生服务，不能只是一个心愿、一种口号，而要有一定的方法。在上课之前进行小调查、小访谈，了解学生在预习时遇到了哪些困难，哪个字的字形难记，哪个字的读音易错，哪个字书写爱倒插笔。针对学生存在的困难确定教学的重难点、确定教学方式和学习方式，使教学更有针对性。郭老师有时候会为一个字的读音、一个字的书写去较真；有时候会因一个问题与同事争论得面红耳赤。这一切的一切，都是源于郭老师对教师工作的热爱，对课堂教学的一往情深。

郭老师一直努力为学生创设使他们得到最大限度发展和提高的生动、活泼的课堂。随着年龄的增长，她也积累了一些经验，但是她却从不会在自己已有的经验上得过且过，而是不断研究，不断探索。2011年，她到北京骨干教师研修班上研究课——《我必须去》，二年级六个教学班，班班都留下了她试讲的身影，并且各班教学教法都有所不同，同样一个教学目标，有无数条能达成目标的路径。

家长的认可、学生的喜爱、个人的收获，成了郭老师幸福的源泉。而只要时间允许，她就很愿意和全国各地的教师一起交流学习，先后到过内蒙古赤峰、陕西洛川和自己的家乡延庆送课、送讲座，乐此不疲。郭老师做这些事很爽快，可对有些事却态度坚决。近几年，有校外的课外班邀请她去讲作文，给出不菲的价格，她推辞说没时间；有的外校家长请她给孩子单独辅导，一节课挣的钱比在学校干一天还多，她依然婉言谢绝。有人说她脑子不开窍，她笑笑说："工资够吃够花就行了，还受那累干吗？"

这就是从外表上看有点憨，而内心深处却充满了执着追求的郭老师。

郭老师在语文教学中不断创新，因勤奋和坚持有了大量的积累。在阅读教学过程中，她每天都有简短的记录，一个学期下来，就有一万多字的阅读记录！厚积薄发，每天徜徉在书海里，孩子们怎能不爱读书，怎能不喜欢表达与创作呢？郭老师教低年级，不留作业，却让孩子们有事可做。让孩子随时随地观察与表达，让感兴趣的家长配合孩子们，记录他们的点滴成长。

郭老师自己就是一位勤奋的阅读者。她常说，只有广泛阅读，不断学习，才有底气站在三尺讲台之上。作为语文教师，她读《汉字起源》《快乐汉字》之后，教学生识字时更有深度、有趣味。譬如，在教授智慧的"慧"时，先写一个小篆体的"慧"，上边表示草，中间表示扫把，下面是心，心里想着把没用的草编成扫把就是智慧，古人就是这样来创造这个汉字的。这样学生很容易就记住了这个字，而且会越来越喜欢汉字，还有的孩子居然有了研究汉字的欲望。

她爱读中外教育家的书，陶行知、苏霍姆林斯基的著作一直摆在书架的显著位置，举手可得。她还爱读特级教师及相关知名人士的书，朱永新、窦桂梅、于永正、李镇西等老师的书出一本她买一本，从不落趟儿；王栋生（笔名吴非）、张文质、李希贵、郑杰、薛瑞萍……他们的新作就是郭老师的床头书。郭老师读书喜欢勾勾画画，有时还写个读后感，刚出版不久的《教育哲学》和刘儒德老师的《教育中的心理效应》已经被她翻翻画画成旧书了。郭老师爱买书，还喜欢杂志，每年买报纸和杂志都要花近千元，《读者》《教师文摘》中的一篇篇小文章也是她的最爱，润色着她有滋有味的小生活。如今，她已40多岁，依然像孩子一样兴致勃勃地"啃"那些大部头的书，边读边写，立足教学实践，记录教学生活。每一年，她都能留下十多万字的教育教学随笔。

郭老师认为，快乐是勤奋的回报，"尊重、信任、理解"是架设在师生心灵间的桥梁。教师只有用真情尊重、信任学生，了解学生的精神世界和个性要求，才能营造一种和谐、友爱、宽松、自由的氛围；才能使学生无拘无束，心情舒畅地投入学习；才能给学生的思维插上腾飞的翅膀。教师的爱对学生来说，是神奇无比的精神养料，它不需要美丽动听的辞藻，也不需要慷慨激昂的说教。只要心中装着孩子，悉心呵护着孩子就足够了。

孩子们放假了，他们能完成作业吗？有没有在读课外书？学习中遇到了困难怎么办？郭老师心中惦记着孩子，顶着酷暑天气去逐个家访：文昊家住丰台区的朱家坟，她从学校出发坐了将近两个小时的车才到，加上天气格外闷热，回来后就中暑了。潘东雄家住西北旺，郭老师乘坐982路公交车到了西北旺，下车之后一片茫然。附近房子和人家很少，一片荒野，打了一辆黑车说去附近的一个卖木材的地方，还好，历经周折终于找到了。就这样每天两三家，一个个地走访。有的孩子还要特殊照顾，王天子的家长在日本工作，爷爷奶奶反映他不写作业，一个假期老师去他家三次，一对一地帮助。郭老师知道，对孩子来说，爱是最好的教育，以爱育爱，大道至简！

教师爱孩子，孩子也能学会爱他人。因为爱是可以传递的。

在郭老师的记忆里，发生在二（1）班宋忻桐身上的一件小事，令她感动之余，更坚定了她的教育理念。

宋忻桐的爸爸妈妈每天在外面忙，没时间照顾他和哥哥，便雇保姆来接送兄弟俩上下学，并给他们做饭、洗衣服。有一天放学后，宋忻桐对保姆说："大姨，您每天干活很辛苦，我来给您洗袜子吧。"大姨说什么也不让他洗。宋忻桐告诉大姨："老师说过，要尊敬长辈，所以我今天要给大姨洗袜子。"

看着孩子一双稚嫩的小手在肥皂水里揉来揉去，大姨又心疼又高兴，感动得眼泪都流了下来。事后，郭老师在宋忻桐的日记里发现这样一段话："大家要学会尊敬长辈，比如帮老人做家务；乘公交车时要给老人让座；帮老人种植物；自己得到的糖给老人一颗、水果切一片给老人；给老人剪手指甲等等。另外，更要尊敬老师，是老师让我们懂得关爱他人。"

在学校，郭老师是教师；回到家里，她是妈妈、妻子，还是女儿。青春期的孩子不好交流，作为妈妈，她经常用书信的方式和女儿沟通；她家先生是中学老师，和她一样忙，但是能相互理解体谅，节假日能一起爬爬山观观景，相互减压；年迈的父母、公婆在老家，只要有三天小长假，他们必会带上北京的土特产回家，和老人一起包饺子聊家常，其乐融融。

郭老师是知足常乐型的，她一直认为自己是幸运的，幸福的，因此成天乐呵呵的，就像个长不大的孩子。她知道，只有用自己的童心去润泽童心，才能感受到工作的快乐、生命的美好。

教师在工作中看到了学生的成长，也像照镜子一样看到了自己的成长。人生最大的幸福，莫过于在辛劳中为社会，为更多人造福，从而实现最大的人生价值。

图书在版编目（CIP）数据

读懂小学生：给小学教师的建议/伊林娜，郭丽萍，于振华著．—上海：华东师范大学出版社，2018

ISBN 978-7-5675-7973-6

Ⅰ.①读... Ⅱ.①伊...②郭...③于... Ⅲ.①小学教育—教学研究 Ⅳ.①G622.0

中国版本图书馆 CIP 数据核字（2018）第 153477 号

大夏书系·教育艺术

读懂小学生：给小学教师的建议

著　　者	伊林娜　郭丽萍　于振华
策划编辑	任红瑚
审读编辑	万丽丽
封面设计	淡晓库

出版发行	华东师范大学出版社
社　　址	上海市中山北路 3663 号　邮编　200062
网　　址	www.ecnupress.com.cn
电　　话	021-60821666　行政传真　021-62572105
客服电话	021-62865537
邮购电话	021-62869887　地址 上海市中山北路 3663 号华东师范大学校内先锋路口
网　　店	http://hdsdcbs.tmall.com

印 刷 者	北京密兴印刷有限公司
开　　本	700×1000　16 开
插　　页	1
印　　张	12.5
字　　数	172 千字
版　　次	2018 年 8 月第一版
印　　次	2025 年 1 月第十四次
印　　数	34 101-35 100
书　　号	ISBN 978-7-5675-7973-6/G·11280
定　　价	36.00 元

出 版 人	王　焰

（如发现本版图书有印订质量问题，请寄回本社市场部调换或电话 021-62865537 联系）